KLASSIKER
DR. OETKER
VERLAG
SEIT 1891

AUS DEM OFEN

Die 40 besten Aufläufe, Gratins und Rezepte vom Blech

Meine Lieblingsrezepte

DIE DR. OETKER GELING-GARANTIE

UNSER VERSPRECHEN

Liebe Leser*innen,

mit den Rezepten in unseren Koch- und Backbüchern möchten wir Sie und Ihre Lieben glücklich machen. Zum Glück braucht es den Erfolg, und den kaufen Sie mit jedem Dr. Oetker Buch gleich mit.

Dafür gibt es die Dr. Oetker Geling-Garantie. Sie ist unser Versprechen, dass alle Rezepte aus diesem Buch ganz einfach und sicher gelingen. Die Geling-Garantie startet schon bei der Zutatenliste: Alle Zutaten, die wir verwenden, sollten Sie leicht in Ihrem Supermarkt vor Ort einkaufen können. Jeder Zubereitungsschritt ist klar und einfach nachvollziehbar.

Eine Garantie können wir Ihnen aber auch deshalb mit gutem Gewissen geben, weil alle Rezepte dieses Buches von unserem erfahrenen Team entwickelt wurden. Anschließend haben wir jedes Gericht in einer ganz normalen Küche nachgekocht oder nachgebacken. Immer wieder. So lange, bis wir uns sicher waren, dass es gelingt. Und zwar auch bei Ihnen zu Hause.

Was wir versprechen, halten wir auch. Sollte beim Kochen oder Backen eines unserer Rezepte dennoch etwas danebengehen oder Ihnen einfach nicht schmecken, dann lassen Sie es uns wissen. Schreiben Sie oder rufen Sie uns an! Wir werden das Rezept nochmals kritisch prüfen und Ihnen helfen herauszufinden, woran es gelegen haben könnte. Sie erreichen uns unter der Telefonnummer +49(0)89/548 2515-0. Oder schreiben Sie uns eine E-Mail unter: redaktion-oetker@zsverlag.de

Natürlich freuen wir uns aber auch über weitere Rückmeldungen und über Lob. Ihre Ideen, Kommentare und Fragen können Sie jederzeit auch über Facebook posten: www.facebook.com/Dr.OetkerVerlag. Wir sind für Sie da. Garantiert.

Mit herzlichen Grüßen
Ihre Dr. Oetker Redaktion

ALLGEMEINE HINWEISE ZU DEN REZEPTEN

UNSER TIPP
Lesen Sie bitte vor der Zubereitung – besser noch vor dem Einkauf – das Rezept einmal vollständig durch. Oft werden Arbeitsabläufe oder -zusammenhänge dann klarer.

ARBEITSSCHRITTE
Die Zutaten sind in der Reihenfolge ihrer Verarbeitung aufgeführt. Die Arbeitsschritte sind einzeln hervorgehoben, in der Reihenfolge, in der sie von uns ausprobiert wurden.

ZUBEREITUNGSZEITEN
Die angegebene Zubereitungszeit schließt die Dauer der Vorbereitung und die eigentliche Zubereitung mit ein. Sie ist ein Anhaltswert und kann je nach individuellem Geschick oder Übung natürlich ein wenig variieren. Längere Wartezeiten wie zum Beispiel Kühl- oder Abkühlzeiten oder auch Auftauzeit sind in der Regel nicht in der Zubereitungszeit enthalten. Einzige Ausnahme: In dieser Zeit sind parallel andere Arbeitsschritte zu tun. Die Garzeiten sind extra ausgewiesen. Bei einigen Rezepten setzt sich die Gesamt-Garzeit aus mehreren Teil-Garzeiten zusammen.

ZUBEREITUNGSZEIT UND GARZEIT
Die in den Rezepten angegebenen Backofentemperaturen und Garzeiten sind Richtwerte, die je nach individueller Hitzeleistung Ihres Backofens über- oder unterschritten werden können. Prüfen Sie nach Beendigung der angegebenen Garzeit, ob das Gericht/Gebäck gar ist. Die Temperaturangaben in diesem Buch beziehen sich auf Elektrobacköfen. Die Temperatur-Einstellungsmöglichkeiten für Gasbacköfen variieren je nach Hersteller, sodass wir keine allgemeingültigen Angaben machen können. Bitte beachten Sie deshalb bei der Einstellung des Backofens die Gebrauchsanleitung des Herstellers. Ein Backofenthermometer eignet sich dabei gut, um die Backofentemperatur im Blick zu haben.

EINSCHUBHÖHE
In den Rezepten in diesem Buch ist die Einschubhöhe immer dann die Mitte des Backofens, wenn nichts anderes angegeben ist.

HINWEISE ZU DEN NÄHRWERTEN
Bei den Nährwertangaben in den Rezepten handelt es sich um auf- bzw. abgerundete ganze Werte. Aufgrund von ständigen Rohstoffschwankungen und/oder Rezepturveränderungen bei Lebensmitteln kann es zu Abweichungen kommen. Die Nährwertangaben dienen daher lediglich Ihrer Orientierung und eignen sich nur bedingt für die Berechnung eines Diätplans.

ABKÜRZUNGEN UND SYMBOLE

EL	Esslöffel
TL	Teelöffel
Msp.	Messerspitze
Pck.	Packung/Päckchen
g	Gramm
kg	Kilogramm
ml	Milliliter
l	Liter
evtl.	eventuell
geh.	gehäuft
gem.	gemahlen
ger.	gerieben
gestr.	gestrichen
TK	Tiefkühlprodukt
°C	Grad Celsius
ø	Durchmesser

KALORIEN-/NÄHRWERTANGABEN

E	Eiweiß
F	Fett
Kh	Kohlenhydrate
kcal	Kilokalorien

RATGEBER

BACKOFEN: HEISSE LUFT VON ALLEN SEITEN

Backöfen gibt es als Elektro- und Gasbacköfen, die in der Regel mit Ober- und Unterhitze, mit Heiß- bzw. Umluft, mit einem Grill sowie deren Kombinationsmöglichkeiten ausgestattet sind. Elektro-Backöfen im oberen Preissegment bieten noch Sonderprogramme wie das Klimagaren (Dampfgaren) oder andere Automatikprogramme an (stets Herstellerhinweise beachten).

ENTSCHEIDEN SIE SICH FÜR IHRE OPTIMALE „FEUERSTELLE“

Ober-/Unterhitze
Um eine optimale Wärmeübertragung zu erzielen, kann nur eine Einschubleiste mit Gargut bestückt werden. Die Einschubleiste so wählen, dass sich das Gargut in der Backofenmitte befindet. Unabhängig von der Garzeit den Backofen immer vorheizen.

Heißluft/Umluft
Dieses System ermöglicht das gleichzeitige Garen in verschiedenen Etagen. Bei Garzeiten über 30 Minuten kann ein Vorheizen des Backofens entfallen.

Grillen
Beim Groß- und Kleinflächengrill kann die Größe der Grillfläche der Menge des Gargutes angepasst werden. Flache Grillstücke werden durch Strahlungshitze gegart und an der Oberfläche knusprig. Beim Umluft-Grill wird die Strahlungshitze durch ein Gebläse um das Grillgut herumgeleitet. Die Bräunung erfolgt, ohne dass das Gargut gedreht werden muss.

VORHEIZEN, ABWARTEN UND TESTEN

Backöfen sollten grundsätzlich vorgeheizt werden. Auch wenn es schwerfällt: Aufläufe, Pizzen bzw. Gemüsegerichte kommen erst dann in den Ofen, wenn die im Rezept angegebene Temperatur erreicht wird. Ist die angegebene Backzeit verstrichen, gibt die Garprobe die letzte Sicherheit, ob das Backgut auch wirklich fertig ist.

RICHTIG EINSTELLEN

Beim Backen mit Heißluft wird die Backofentemperatur etwa 20 °C niedriger eingestellt als bei Ober-/Unterhitze (liegt an der unterschiedlichen Art der Wärmeverteilung). Bei den meisten Gebäckarten und Speisen spielt die Wahl der Beheizungsart keine große Rolle. Falls eine Beheizungsart bessere Ergebnisse liefert, geben wir dies in den Tipps an.

TEMPERATUR-CHECK

Stimmt die Temperatur? So überprüfen Sie die Backofentemperatur: Backofen vorheizen. Ein Backofenthermometer auf ein Backblech stellen. Mittlere Einschubhöhe. Nach etwa 10 Minuten die Anzeige mit der tatsächlich gemessenen Temperatur vergleichen. Sie sollte um nicht mehr als 10° C abweichen.

RICHTIG HINSTELLEN

Muffin-, Spring- und Auflaufformen kommen auf einem Backofenrost, nicht auf ein Backblech und auch nicht auf den Boden des Backofens. Faustregel: Flache Formen kommen in die Mitte, hohe und halbhohe Formen ins untere Drittel des Backofens.

GAREN IM BACKOFEN

Der Start: Zum Garen im Backofen immer einen Küchenwecker oder Timer einstellen, dann können Sie sicher sein, dass Sie auch bei langen Backzeiten Ihr Gericht im Ofen nicht vergessen und es nicht verbrennt.
Stellen Sie Auflaufformen immer auf den Gitterrost des Backofens, damit rundherum gleichmäßige Backhitze an das Gericht kommt. Der Backrost und auch Backbleche (falls im Rezept nicht anders angegeben) werden in die mittlere Schiene eingeschoben.
Die Garzeit ist vorbei: Kuchengitter oder Untersetzer bereitstellen, Ofenhandschuhe anziehen und Gericht aus dem Backofen holen. Vorsicht: Beim Öffnen der Tür steigt häufig heißer Dampf aus dem Ofen.
Lösen Sie das Gericht in der Form, indem Sie mit einem Messer innen direkt am Formrand entlangfahren.

DIE GARPROBE MACHEN

Ob das Gemüse oder das Fleisch gar bzw. fertig gegart sind, lässt sich – je nach Lebensmittel – mit einfachen Tricks prüfen:

- Fleisch: Während des Bratens bzw. Kochens mit einer Fleischgabel oder einem kleinen spitzen Küchenmesser einmal in die dickste Stelle z. B. einer Hähnchenbrust stechen und etwas auf das Fleisch drücken. Tritt klarer Fleischsaft aus, ist das Fleisch fertig.
- Gemüse/Kartoffeln: Mehrere Stücke Gemüse bzw. Kartoffeln kurz vor Ende der angegebenen Garzeit mit einem kleinen spitzen Küchenmesser etwa 2 cm tief einstechen. Lässt sich das Messer leicht einstechen, sind Gemüse bzw. Kartoffeln gar.

AUBERGINEN-NUDEL-AUFLAUF

Zubereitungszeit: 30 Minuten
Garzeit: etwa 40 Minuten
Vegan

Zutaten für 4 Portionen

- 2–3 möglichst große Auberginen (etwa 1,6 kg)
- 3 l Wasser
- 2 große Knoblauchzehen
- 1 großes Bund glatte Petersilie
- ½ Bund frischer Oregano oder 1 TL gerebelter Oregano
- 140 ml Olivenöl
- ½ Bio-Zitrone (unbehandelt, ungewachst)
- ½ TL fein geschrotete Chiliflocken
- gem. Pfeffer
- 3 gestr. TL Salz
- 300 g vegane Nudeln, z. B. Penne
- 20 g Pflanzencreme zum Kochen
- Salz
- 400 g Cocktailtomaten
- 75 g abgetropfte Kapernäpfel (aus dem Glas)
- 50 g abgetropfte, kleine schwarze Oliven, ohne Stein
- 50 g veganes Weizenbrot (vom Vortag)
- 25 g Pinienkerne

Pro Portion:

E: 19 g, F: 53 g, Kh: 74 g, kcal: 874

1. Auberginen abspülen, abtrocknen, Stängelansätze entfernen. Auberginen längs in ½ cm dicke Scheiben schneiden, in einer Pfanne ohne Fett von beiden Seiten leicht anrösten, herausnehmen und nebeneinander auf eine Platte legen.

2. Wasser in einem Topf zugedeckt zum Kochen bringen.

3. Knoblauch abziehen und durch eine Knoblauchpresse drücken. Kräuter abspülen, trocken tupfen, die Blättchen von den Stängeln zupfen. Blättchen klein schneiden. 100 ml Olivenöl mit Kräutern und dem Knoblauch verrühren. Zitrone heiß abwaschen, abtrocknen und die Schale fein abreiben. Von der Zitronenhälfte den Saft auspressen und mit der Zitronenschale unter die Kräuter-Marinade rühren. Marinade mit Chili und etwas Pfeffer verrühren, dann gleichmäßig auf den Auberginenscheiben verteilen.

4. Salz und Nudeln in das kochende Wasser geben. Die Nudeln nach Packungsanleitung knapp bissfest kochen, dabei gelegentlich umrühren. Anschließend die Nudeln in ein Sieb geben, mit heißem Wasser abspülen, abtropfen lassen und mit der Pflanzencreme mischen, mit etwas Salz und Pfeffer würzen und kurz ziehen lassen, bis die Nudeln die Creme etwas aufgesogen haben.

5. In der Zwischenzeit den Backofen vorheizen.
Ober-/Unterhitze: etwa 200 °C
Heißluft: etwa 180 °C

6. Tomaten abspülen, abtrocknen, Stängelansätze herausschneiden. Die Hälfte der Tomaten grob würfeln. Restliche Tomaten in feine Scheiben schneiden. Von den Kapernäpfeln die Stängelansätze entfernen. Kapernäpfel halbieren.

7. Die Hälfte der Auberginenscheiben in einer Auflaufform (mit Olivenöl gefettet) gleichmäßig verteilen, mit Salz und Pfeffer würzen. Nudeln, Tomatenwürfel, Oliven und Kapernäpfel mischen, ebenfalls mit Salz und Pfeffer würzen und auf den Auberginenscheiben verteilen. Die restlichen Auberginenscheiben mit der marinierten Seite nach oben darauflegen, mit Salz und Pfeffer würzen. Tomatenscheiben gleichmäßig darauflegen.

8. Weizenbrot grob reiben, mit den Pinienkernen mischen und auf dem Auflauf verteilen. Restliches Olivenöl darauf träufeln. Die Form zugedeckt auf dem Rost in den vorgeheizten Backofen schieben. Den Auflauf **etwa 30 Minuten garen.** Den Deckel abnehmen und den Auflauf **in weiteren etwa 10 Minuten knusprig garen.**

Lieblingsrezept Nr.

1

BROTAUFLAUF

Zubereitungszeit: 40 Minuten
Garzeit: etwa 30 Minuten

Zutaten für 4 Portionen

3 Brötchen
(Semmeln, vom Vortag)
4–6 EL Kräuterbutter
250 g kleine Champignons
etwa 80 g Salami
etwa 125 g Kochschinken
2 Zwiebeln
1–2 EL Speiseöl
Salz
gem. Pfeffer
3–4 EL gehackte Kräuter,
z. B. Petersilie, Thymian,
Majoran
3 Eier (Größe M)
200 g Frühlingsquark

Pro Portion:

E: 24 g, F: 41 g, Kh: 29 g,
kcal: 617

1. Brötchen in Würfel schneiden. Kräuterbutter in einer Pfanne zerlassen, Brötchenwürfel darin von allen Seiten goldbraun braten.

2. Champignons putzen, mit Küchenpapier abreiben, eventuell abspülen und trocken tupfen (bei Bedarf halbieren).

3. Den Backofen vorheizen.
Ober-/Unterhitze: etwa 200 °C
Heißluft: etwa 180 °C

4. Salami und Schinken in Würfel schneiden. Zwiebeln abziehen und klein würfeln.

5. Speiseöl in einer Pfanne erhitzen, Zwiebelwürfel darin glasig dünsten. Salami-, Schinkenwürfel und Champignons hinzufügen und mitdünsten lassen. Mit Salz und Pfeffer würzen. Brötchenwürfel (einige Brötchenwürfel beiseitelegen) und Kräuter untermengen. Danach die Masse in eine Auflaufform (26 x 18 cm, gefettet) geben.

6. Eier verschlagen, mit einem Schneebesen vorsichtig unter den Quark rühren und auf dem Auflauf verteilen. Mit den beiseitegelegten Brötchenwürfeln belegen.

7. Die Form auf dem Rost in den vorgeheizten Backofen schieben und den Auflauf **etwa 30 Minuten garen.**

Lieblingsrezept Nr.

2

COUSCOUS-BROKKOLI-AUFLAUF

Zubereitungszeit: 25 Minuten
Garzeit: 15–20 Minuten
Vegetarisch

Zutaten für 4 Portionen

400 ml Gemüsebrühe
250 g Instant-Couscous
500 g Brokkoli
2 EL Rosinen
1 Stängel Minze
1 rote Chilischote
1 TL gem. Kreuzkümmel (Cumin)
150 g Crème fraîche
2 EL Sonnenblumenkerne
Salz
gem. Pfeffer oder Cayennepfeffer
100 g milder, cremiger Schafskäse

Pro Portion:
E: 17 g, F: 23 g, Kh: 55 g, kcal: 498

1. Die Brühe in einem Topf zum Kochen bringen. Couscous in eine Schüssel geben und mit der kochenden Brühe übergießen. Couscous etwa 5 Minuten quellen lassen.

2. In der Zwischenzeit den Brokkoli putzen, abspülen, abtropfen lassen und in feine Röschen teilen. Die Stiele schälen und in Stifte schneiden. Salzwasser in einem Topf zum Kochen bringen. Die Brokkolistifte und -röschen darin 3–4 Minuten garen, dann in ein Sieb geben, mit kaltem Wasser übergießen und abtropfen lassen.

3. Die Rosinen mit heißem Wasser abspülen und abtropfen lassen. Minze abspülen, trocken tupfen und die Blättchen von dem Stängel zupfen, Blättchen fein schneiden.

4. Die Chilischote halbieren, entstielen, entkernen und die Scheidewände herausschneiden. Schote abspülen, trocken tupfen und fein würfeln.

5. Couscous mit einer Gabel etwas auflockern. Minze, Chili, Rosinen, Kreuzkümmel, 100 g Crème fraîche und einen Esslöffel der Sonnenblumenkerne untermischen.

6. Den Backofen vorheizen.
Ober-/Unterhitze: etwa 220 °C
Heißluft: etwa 200 °C

7. Die Couscous-Mischung mit Salz und Pfeffer oder Cayennepfeffer abschmecken und in einer großen Auflaufform (gefettet) oder 4 Portionsauflaufformen (gefettet) verteilen. Brokkoli mit der restlichen Crème fraîche mischen und auf der Couscous-Mischung verteilen. Zuletzt den Schafskäse daraufbröseln und die restlichen Sonnenblumenkerne daraufstreuen.

8. Die Form oder Formen auf dem Rost in den vorgeheizten Backofen schieben. Den Couscous-Brokkoli-Auflauf **15–20 Minuten überbacken.**

TIPPS:

Dazu einen cremigen Joghurt-Dip und Tomatensalat reichen.

Der Auflauf lässt sich auch prima mit gegartem Reis (z. B. vom Vortag) statt Couscous zubereiten.

Lieblingsrezept Nr.
3

CURRY-STECKRÜBEN-AUFLAUF MIT NUSSKRUSTE

Zubereitungszeit: 40 Minuten
Garzeit Auflauf: etwa 35 Minuten
Vegetarisch

Zutaten für 4 Portionen
1 Knoblauchzehe
1 mittelgroße Zwiebel
1 kg Steckrübe
2 EL Butter
Salz
gem. Pfeffer
1–2 TL Currypulver
1/4 TL Cayennepfeffer
400 ml fettreduzierte Kokosmilch
100 ml kräftige Gemüsebrühe
1 großes Bund Frühlingszwiebeln
2 Zwiebeln
3 EL Butter
125 g rote Linsen
3 Eier (Größe M)
50 g geröstete Cashewkerne

Pro Portion:
E: 20 g, F: 46 g, Kh: 40 g, kcal: 653

1. Knoblauch und Zwiebel abziehen, fein würfeln. Steckrübe putzen, schälen, abspülen, abtropfen lassen und in etwa 5 mm dicke Scheiben und dann in 5 mm dicke Stäbchen schneiden. Alternativ die Steckrübe auf einem Küchenhobel auf die entsprechende Dicke schneiden.

2. Butter in einer großen Pfanne zerlassen. Die Zwiebel- und Knoblauchwürfel darin andünsten. Die vorbereitete Steckrübe hinzugeben und kurz anbraten, mit Salz, Pfeffer, Curry und Cayennepfeffer kräftig würzen. Kokosmilch und Brühe hinzugießen und zum Kochen bringen. Die Steckrübenstifte zugedeckt 6–8 Minuten garen.

3. In der Zwischenzeit die Frühlingszwiebeln putzen, abspülen, abtropfen lassen und schräg in etwa 2 cm große Stücke schneiden. Zwiebeln abziehen und in Scheiben schneiden.

4. Von der Butter 1 ½ Esslöffel in einer Pfanne zerlassen. Zunächst die Zwiebelscheiben darin goldbraun braten, herausnehmen und beiseitestellen. Restliche Butter in die Pfanne geben. Die Frühlingszwiebelstücke darin andünsten, dann beiseitestellen.

5. Die Steckrübenstifte mit einer Schaumkelle aus der Pfanne nehmen. Die Kokos-Kochflüssigkeit beiseitestellen.

6. Die Linsen abspülen, abtropfen lassen und mit der beiseitegestellten Kokos-Kochflüssigkeit in einem Topf zum Kochen bringen. Die Linsen zugedeckt in etwa 5 Minuten bissfest garen, dabei gelegentlich umrühren. Die Linsen mit einer Schaumkelle aus dem Topf nehmen. Die Kochflüssigkeit etwas abkühlen lassen.

7. Den Backofen vorheizen.
Ober-/Unterhitze: etwa 180 °C
Heißluft: etwa 160 °C

8. Steckrüben, Linsen und Frühlingszwiebelstücke in eine große Auflaufform (gefettet) einschichten.

9. Eier verschlagen, mit etwas Salz, Pfeffer und Curry würzen. Die abgekühlte, beiseitegestellte Kochflüssigkeit nach und nach unterschlagen. Die Eierflüssigkeit über die Auflaufzutaten gießen.

10. Cashewkerne grob hacken und zusammen mit den angebratenen Zwiebelscheiben auf dem Auflauf verteilen. Die Form auf dem Rost in den vorgeheizten Backofen schieben. Den Auflauf in **etwa 35 Minuten goldbraun garen.** Damit die Cashewkerne nicht zu dunkel werden, den Auflauf nach etwa 25 Minuten Garzeit mit einem Stück Backpapier zudecken.

Lieblingsrezept Nr.
4

GRATINIERTE RÄUCHERLACHS-GNOCCHI

Zubereitungszeit: 15 Minuten
Garzeit: 16–20 Minuten

Zutaten für 4 Portionen

300 g Cocktailtomaten
400–500 g frische Gnocchi oder frische Nudeln (aus dem Kühlregal)
125 g Räucherlachs, in Scheiben
2–3 TL Pesto alla genovese (aus dem Glas)

Für die Sauce:

400 ml Milch (3,5 % Fett)
150 g Doppelrahm-Frischkäse
1 TL Speisestärke
100 g junger, ger. Parmesan
gem. Pfeffer
Salz
evtl. etwas ger. Muskatnuss

Zum Garnieren:

evtl. Basilikumblättchen

Pro Portion:

E: 28 g, F: 31 g, Kh: 26 g, kcal: 498

1. Den Backofen vorheizen.
Ober-/Unterhitze: etwa 240 °C
Heißluft: etwa 220 °C

2. Tomaten abspülen, abtrocknen, halbieren und die Stängelansätze herausschneiden. Die Nudeln und Tomaten in einer großen, flachen Auflaufform (gefettet) verteilen.

3. Räucherlachsscheiben auf einer Arbeitsfläche ausbreiten, mit Pesto bestreichen, aufrollen und in etwa 4 cm lange Stücke schneiden. Die Lachsröllchen zwischen die Gnocchi setzen.

4. Für die Sauce Milch in einem Topf erhitzen. Frischkäse, Speisestärke und 50 g Parmesan in einer Schüssel verschlagen und mit einem Schneebesen unter die Milch rühren. Mit Pfeffer, Salz und nach Belieben mit Muskat würzen. Die Sauce gleichmäßig über die Gnocchi-Mischung gießen. Mit restlichem Parmesan bestreuen.

5. Die Form mit einem passenden Deckel oder mit Alufolie verschließen. Die Form auf dem Rost in den vorgeheizten Backofen schieben. Räucherlachs-Gnocchi **13–15 Minuten gratinieren.**

6. Dann den Deckel oder die Alufolie entfernen und die Räucherlachs-Gnocchi in weiteren 3–5 Minuten knusprig fertig backen.

7. Die Räucherlachs-Gnocchi auf Tellern verteilen und nach Belieben mit abgespülten, trocken getupften Basilikumblättchen garniert anrichten.

TIPP:

Bereiten Sie die Sauce zusätzlich mit einigen Kräutern zu.

Lieblingsrezept Nr.

5

GRÜNKOHL-LASAGNE

Zubereitungszeit: 60 Minuten
Backzeit: etwa 40 Minuten
Vegetarisch

Zutaten für 4 Portionen

Für die Lasagne:

500g küchenfertiger Grünkohl
Salz
3 rote Zwiebeln
1 Knoblauchzehe
3–4 EL Olivenöl
1 TL brauner Zucker
gem. Pfeffer
300 ml Gemüsebrühe
250 g stückige Tomaten (aus der Dose oder Tetrapack)
1 Msp. Pimentpulver

250 g Büffelmozzarella

Für die Béchamelsauce:

30 g Butter
2 geh. TL TK-ital.-Kräuter
30 g Weizenmehl
400 ml Milch (3,5 % Fett)
frisch ger. Muskatnuss

225–250 g Lasagneplatten (ohne Vorgaren)

Pro Portion:

E: 30 g, F: 34 g, Kh: 61 g, kcal: 684

1. Für die Lasagne den küchenfertigen Grünkohl in ausreichend kochendem Salzwasser blanchieren. In ein Sieb geben, mit kaltem Wasser abspülen, abtropfen lassen und anschließend das restliche Wasser gut ausdrücken.

2. Zwiebeln und Knoblauch abziehen und in kleine Würfel schneiden. Olivenöl in einem Topf erhitzen. Zwiebeln und Knoblauch darin in 4–5 Minuten glasig schwitzen. Braunen Zucker einrühren, Grünkohl dazugeben und alles weitere 3–4 Minuten anschwitzen. Mit Salz und Pfeffer würzen. Gemüsebrühe zum Grünkohl geben und mit Deckel etwa 30 Minuten köcheln lassen.

3. Die stückigen Tomaten hinzugeben, mit dem Grünkohl verrühren und ohne Deckel so lange köcheln lassen, bis die Flüssigkeit fast verkocht ist. Dabei hin und wieder umrühren. Den tomatisierten Grünkohl gut mit Salz, Pfeffer und Pimentpulver abschmecken.

4. Für die Béchamelsauce Butter in einem Topf zerlassen, TK-Kräuter hinzufügen und verrühren. Nach und nach Mehl hinzufügen. So lange rühren, bis das Mehl hellgelb ist und sich mit der Butter verbunden hat. Milch unter Rühren langsam in die heiße Buttermasse geben, aufkochen und unter weiterem Rühren etwa 5 Minuten köcheln lassen. Die Kräuter-Béchamel mit Salz, Pfeffer und Muskatnuss abschmecken.

5. Den Backofen vorheizen.
Ober-/Unterhitze: etwa 200 °C
Heißluft: 180 °C Umluft

6. In eine Auflaufform (etwa 20 x 26 cm, gefettet) etwa ⅕ der Kräuter-Béchamel geben. Lasagneplatten darauflegen und mit etwa ⅓ der Grünkohl-Tomaten-Mischung bedecken. Wieder ⅕ der Béchamelsauce auf die Grünkohl-Tomaten-Mischung geben und so fortfahren, bis alle Zutaten aufgebraucht sind. Die letzte Schicht sollte aus Béchamelsauce bestehen.

7. Büffelmozzarella in einem Küchensieb abtropfen lassen. Mozzarella in Scheiben schneiden und auf der Sauce verteilen.

8. Die Auflaufform auf dem Rost in den vorgeheizten Backofen schieben und **etwa 40 Minuten backen.**

TIPP:

Die Lasagne vor dem Servieren mit frisch gehacktem Basilikum und/oder glatter Petersilie bestreuen.

Lieblingsrezept Nr.
6

KARTOFFEL-SELLERIE-GRATIN

Zubereitungszeit: 30 Minuten
Garzeit: 28–30 Minuten
Vegetarisch

Zutaten für 4 Portionen

250 g Knollensellerie
400 g festkochende Kartoffeln
125 ml Gemüsebrühe
gem. Pfeffer
gerebelter Thymian
75 ml Olivenöl
40 g ger. oder gehobelter Parmesan
einige Stängel Thymian

Pro Portion:
E: 6 g, F: 24 g, Kh: 13 g, kcal: 287

1. Den Backofen vorheizen.
Ober-/Unterhitze: etwa 180 °C
Heißluft: etwa 160 °C

2. Sellerie putzen, schälen, abspülen, abtropfen lassen und in Scheiben schneiden. Kartoffeln schälen, abspülen, abtropfen lassen und evtl. mit einem Gemüsehobel in dünne Scheiben hobeln. Kartoffelscheiben in kochendem Salzwasser 2–3 Minuten blanchieren, anschließend mit kaltem Wasser abschrecken und in einem Sieb abtropfen lassen.

3. Kartoffel- und Selleriescheiben abwechselnd, fächerartig in eine große, flache Auflaufform (gefettet) schichten. Mit Brühe übergießen, mit Salz, gemahlenem Pfeffer und Thymian würzen, mit Olivenöl beträufeln.

4. Die Form auf dem Rost in den vorgeheizten Backofen schieben. Das Gratin **etwa 25 Minuten garen.**

5. Die Form aus dem Backofen nehmen. Die Backofentemperatur um etwa 20 °C erhöhen. Die Kartoffel- und Selleriescheiben mit Käse bestreuen.

6. Die Form wieder auf dem Rost in den heißen Backofen schieben. Die Kartoffel- und Selleriescheiben 3–5 Minuten gratinieren.

7. Thymian abspülen, trocken tupfen und in kleine Zweige zupfen. Das Gratin mit den Thymianzweigen garniert servieren.

TIPPS:

Sie können für ein besonderes Essen den Sellerie durch 20 mittelgroße Steinpilze ersetzen.

Mit einem herzhaften Salat als Zwischengericht oder als Beilage zu Wildgerichten reichen.

Lieblingsrezept Nr.
7

KARTOFFELAUFLAUF MIT CABANOSSI UND ZUCCHINI

Zubereitungszeit: 40 Minuten, ohne Abkühlzeit
Garzeit: 30–40 Minuten

Zutaten für 4 Portionen

- 1 kg Kartoffeln
- 300 g Zucchini
- 1 gestr. TL Salz
- 300 g Cabanossi (Knoblauchwurst)
- Salz
- gem. Pfeffer
- 300 g saure Sahne
- 2 Eier (Größe M)
- 30 g Semmelbrösel
- 50 g Butter

Pro Portion:
E: 22 g, F: 45 g, Kh: 43 g, kcal: 667

1. Die Kartoffeln gründlich waschen, in einem Topf knapp mit Wasser bedeckt, zugedeckt zum Kochen bringen und 20–30 Minuten garen.

2. In der Zwischenzeit Zucchini abspülen, abtrocknen und die Enden abschneiden. Zucchini in Scheiben schneiden, mit Salz bestreuen und etwa 10 Minuten stehen lassen.

3. Die gegarten Kartoffeln abgießen, abdämpfen und heiß pellen. Kartoffeln erkalten lassen.

4. Cabanossi in Scheiben schneiden. Zucchinischeiben mit Küchenpapier trocken tupfen.

5. Den Backofen vorheizen.
Ober-/Unterhitze: etwa 200 °C
Heißluft: etwa 180 °C

6. Kartoffeln in Scheiben schneiden. Kartoffel-, Zucchini- und Cabanossischeiben dachziegelartig in eine Auflaufform (z. B. 24 x 32 cm, gefettet) schichten, dabei Kartoffeln mit Salz und Pfeffer und Zucchini nur mit Pfeffer würzen.

7. Die saure Sahne und Eier verschlagen, mit Salz und Pfeffer würzen. Den Auflauf mit der Eiersahne übergießen und mit Semmelbröseln bestreuen. Butter in Flöckchen daraufsetzen.

8. Die Form auf dem Rost in den vorgeheizten Backofen schieben. Den Auflauf **30–40 Minuten garen.**

TIPPS:

Noch knuspriger wird der Auflauf, wenn anstelle der üblichen Semmelbrösel Panko verwendet wird. (Panko oder auch Panko-Mehl ist ein spezielles Paniermehl aus der japanischen Küche, aber bereits in jedem gut sortierten Supermarkt zu kaufen.)

Wer das Gericht lieber vegetarisch servieren möchte, nimmt anstelle der Cabanossi einfach 2–3 Tomaten (Stängelansätze entfernt und in Scheiben geschnitten) und 250 g Mozzarella (gut abgetropft und in Scheiben geschnitten) und schichtet es mit den Kartoffeln und Zucchini in die Auflaufform. Den Auflauf nach dem Backen dann mit frischen Basilikumblättern bestreuen.

Lieblingsrezept Nr.

8

LASAGNE

Zubereitungszeit: 30 Minuten
Garzeit: etwa 45 Minuten

Zutaten für 5–6 Portionen

Für die Bolognesesauce:

2 Zwiebeln
1 Knoblauchzehe
2 EL Olivenöl
300 g Rindergehacktes
740 g stückige Tomaten (Tetrapak)
125 ml Gemüse- oder Fleischbrühe
1 EL Tomatenmark
1 Lorbeerblatt
1/2 EL gehacktes Basilikum
Salz
gem. Pfeffer

Für die Béchamelsauce:

30 g Butter oder Margarine
25 g Weizenmehl
300 ml Milch (3,5 % Fett)
200 ml Gemüse- oder Fleischbrühe
175 g ger. mittelalter Gouda
ger. Muskatnuss

12 Lasagneplatten (ohne Vorkochen, knapp 250 g)

Pro Portion:

E: 28 g, F: 29 g, Kh: 45 g, kcal: 553

1. Für die Bolognesesauce Zwiebeln und Knoblauch abziehen, in kleine Würfel schneiden. Olivenöl in einem Topf erhitzen. Gehacktes darin unter Rühren anbraten. Dabei die Fleischklümpchen mit einer Gabel zerdrücken. Die Zwiebel- und Knoblauchwürfel hinzugeben, mit andünsten.

2. Stückige Tomaten, Brühe, Tomatenmark, Lorbeerblatt und Basilikum zum angebratenen Gehackten in die Pfanne geben, zum Kochen bringen und etwa 5 Minuten kochen lassen. Mit Salz und Pfeffer abschmecken. Lorbeerblatt entfernen.

3. Den Backofen vorheizen.
Ober-/Unterhitze: etwa 200 °C
Heißluft: etwa 180 °C

4. Für die Béchamelsauce die Butter oder Margarine in einem Topf zerlassen. Das Mehl darin unter Rühren so lange erhitzen, bis es hellgelb ist. Nach und nach Milch und Brühe hinzugießen, mit einem Schneebesen durchschlagen. Dabei darauf achten, dass keine Klümpchen entstehen. Die Sauce unter Rühren aufkochen lassen. Ein Drittel des Käses unterrühren. Die Sauce mit Salz, Pfeffer und Muskat kräftig würzen.

5. Etwas von der Bolognesesauce auf dem Boden einer eckigen Auflaufform (z. B. 20 x 25 cm, gefettet) verteilen und mit Lasagneplatten belegen, dann wieder etwas von der Bolognesesauce daraufgeben, etwas Béchamelsauce darauf verteilen. Mit jeder Schicht so weiter verfahren, dass 3–4 Lasagneschichten entstehen. Etwas Béchamelsauce abnehmen, auf die oberste Lasagneschicht streichen. Mit restlichem Käse bestreuen.

6. Form zugedeckt auf dem Rost in den vorgeheizten Backofen schieben. Lasagne **etwa 45 Minuten garen.**

7. Nach etwa 30 Minuten Garzeit den Deckel abnehmen und die Lasagne fertig backen. Die Lasagne zum Servieren in Stücke schneiden.

Lieblingsrezept Nr.
9

KOHLRABI-MÖHREN-AUFLAUF

Zubereitungszeit: 60 Minuten
Garzeit: etwa 40 Minuten
Vegetarisch

Zutaten für 4 Portionen

500 g Möhren
500 g Kohlrabi
2 EL Butter
2 EL Sojasauce
Salz
gem. Pfeffer
1 Stange Lauch (etwa 250 g)
1 Knoblauchzehe
1 EL Butter
500 g Speisequark (20 % Fett)
3 Eier (Größe M)
100 ml Milch (3,5 % Fett)
3 EL klein geschnittene Petersilie
1/2 gestr. TL Kräutersalz
50 g ger. Gouda
2 EL Sesamsamen
2 EL Butter
etwas klein geschnittene Petersilie

Pro Portion:

E: 29 g, F: 31 g, Kh: 18 g, kcal: 469

1. Möhren putzen. Möhren und Kohlrabi schälen, abspülen, abtropfen lassen und in dünne Scheiben schneiden oder hobeln.

2. Butter in einer großen Pfanne zerlassen. Möhren- und Kohlrabischeiben darin zugedeckt unter gelegentlichem Wenden etwa 10 Minuten dünsten. Das Gemüse mit Sojasauce, Salz und Pfeffer würzen.

3. Den Backofen vorheizen.
Ober-/Unterhitze: etwa 180 °C
Heißluft: etwa 160 °C

4. In der Zwischenzeit den Lauch putzen, die Stange längs halbieren, gründlich waschen, abtropfen lassen und in dünne Scheiben schneiden. Knoblauch abziehen und in kleine Würfel schneiden. Butter in einer Pfanne zerlassen. Die Lauchscheiben und Knoblauchwürfel bei mittlerer Hitze darin unter gelegentlichem Rühren andünsten.

5. Den Quark mit den Eiern und der Milch in einer Schüssel gut verschlagen. Petersilie und Kräutersalz unterrühren, mit Pfeffer würzen. Die Lauch-Knoblauch-Masse hinzugeben und sorgfältig unterrühren.

6. Die Hälfte der Möhren- und Kohlrabischeiben in einer großen Auflaufform (gefettet) verteilen. Die Hälfte der Quarkmasse darauf verstreichen. Restliche Möhren- und Kohlrabischeiben darauflegen, dann die restliche Quarkmasse darauf verteilen.

7. Den Auflauf mit Käse und Sesam bestreuen. Butter in Flöckchen daraufsetzen.

8. Die Form auf dem Rost in den vorgeheizten Backofen schieben. Den Auflauf **etwa 40 Minuten goldbraun garen.**

9. Den Kohlrabi-Möhren-Auflauf mit Petersilie bestreuen und servieren.

Lieblingsrezept Nr.

10

KÜRBISAUFLAUF MIT SCHAFSKÄSE

Zubereitungszeit: 25 Minuten
Garzeit: etwa 40 Minuten
Vegetarisch

Zutaten für 4 Portionen

750 g Kürbisfleisch (geputzt, ohne faserigen Innenteil)
500 g Kartoffeln
Salz
gem. Pfeffer
1 Knoblauchzehe
2 Zwiebeln
1 EL Sonnenblumenöl
75 g Weizenmehl
2 EL Sonnenblumenöl
400 g Schafskäse

Für die Eiersahne:

2 Eier (Größe M)
125 g Schlagsahne (mind. 30 % Fett)
ger. Muskatnuss
1 Bund glatte Petersilie

Pro Portion:

E: 25 g, F: 47 g, Kh: 39 g, kcal: 684

1. Kürbisfleisch evtl. kurz abspülen, trocken tupfen und in Scheiben schneiden. Kartoffeln schälen, abspülen, abtropfen lassen und ebenfalls in Scheiben schneiden. Kürbis- und Kartoffelscheiben mit Salz und Pfeffer bestreuen.

2. Knoblauch und Zwiebeln abziehen, Knoblauch zerdrücken und Zwiebeln in kleine Würfel schneiden. Sonnenblumenöl in einer kleinen Pfanne erhitzen. Knoblauch und Zwiebelwürfel darin goldgelb dünsten.

3. Den Backofen vorheizen.
Ober-/Unterhitze: etwa 220 °C
Heißluft: etwa 200 °C

4. Kartoffel- und Kürbisscheiben in Mehl wenden. Sonnenblumenöl in einer großen Pfanne erhitzen. Kartoffel- und Kürbisscheiben darin kurz von beiden Seiten braun anbraten und herausnehmen. Schafskäse grob zerbröseln.

5. Eine runde Auflaufform (Ø 24 cm, gefettet) mit der Hälfte der Kartoffel- und Kürbisscheiben auslegen. Die Hälfte der Schafskäsebrösel mit den angedünsteten Zwiebelwürfeln und Knoblauch daraufgeben. Restliche Kartoffel- und Kürbisscheiben darauflegen und mit den restlichen Schafskäsebröseln bestreuen.

6. Für die Eiersahne Eier mit Sahne verschlagen, mit Salz, Pfeffer und Muskat würzen. Petersilie abspülen und trocken tupfen. Die Blättchen von den Stängeln zupfen. Blättchen klein schneiden und unter die Eiersahne rühren. Die Eiersahne auf dem Auflauf verteilen.

7. Die Form auf dem Rost in den vorgeheizten Backofen schieben. Den Auflauf **etwa 40 Minuten garen.**

Lieblingsrezept Nr.

11

MOUSSAKA

Zubereitungszeit: 60 Minuten
Garzeit: etwa 35 Minuten

Zutaten für 6 Portionen

- 1 1/2 kg Auberginen
- Salz
- 500 g Tomaten
- 2 Zwiebeln
- 150 ml Olivenöl
- 600 g Gehacktes (Lamm- oder Rindfleisch)
- gem. Pfeffer
- je etwa 1 TL gerebelter Oregano, Thymian und Basilikum
- 2 Knoblauchzehen
- 1 EL gehackte Petersilie
- 300 g Joghurt (3,5 % Fett)
- 125 ml Milch (3,5 % Fett)
- 2 Eier (Größe M)
- 150 g ger. mittelalter Gouda

Pro Portion:

E: 33 g, F: 56 g, Kh: 12 g, kcal: 676

1. Auberginen abspülen, abtrocknen und die Enden abschneiden. Auberginen in ½–1 cm dicke Scheiben schneiden, mit Salz bestreuen und etwa 15 Minuten stehen lassen.

2. In der Zwischenzeit Tomaten kreuzweise einschneiden und mit kochendem Wasser übergießen. Nach 1–2 Minuten herausnehmen und mit kaltem Wasser abschrecken. Die Tomaten häuten, halbieren und die Stängelansätze herausschneiden. Tomaten in Scheiben schneiden. Zwiebeln abziehen und klein würfeln.

3. Den Backofen vorheizen.
Ober-/Unterhitze: etwa 200 °C
Heißluft: etwa 180 °C

4. Etwas Olivenöl in einer Pfanne erhitzen. Die Auberginenscheiben mit Küchenpapier trocken tupfen, portionsweise in dem erhitzten Olivenöl von beiden Seiten anbraten, herausnehmen und auf Küchenpapier abtropfen lassen.

5. Das restliche Olivenöl in der Pfanne erhitzen. Die Zwiebelwürfel darin andünsten. Gehacktes hinzufügen und unter Rühren anbraten, dabei die Fleischklümpchen mit einer Gabel zerdrücken. Gehacktes mit Salz, Pfeffer, Oregano, Thymian und Basilikum würzen, etwa 5 Minuten schmoren. Knoblauch abziehen, durch eine Knoblauchpresse dazu drücken und unterrühren.

6. Die Hälfte der Auberginenscheiben in eine große, flache Auflaufform (etwa 30 x 25 cm, gefettet) geben. Mit Salz, Pfeffer und Petersilie bestreuen. Die Hälfte der Tomatenscheiben darauflegen. Gehacktes darauf verteilen. Nacheinander die restlichen Auberginen- und Tomatenscheiben fächerartig daraufgeben.

7. Joghurt mit Milch und Eiern verschlagen, die eingeschichteten Zutaten damit übergießen. Mit Käse bestreuen.

8. Die Form auf dem Rost in den vorgeheizten Backofen schieben. Die Moussaka **etwa 35 Minuten garen.**

TIPP:

Servieren Sie zur Moussaka Fladenbrot.

Lieblingsrezept Nr.
12

NUDEL-PILZ-AUFLAUF

Zubereitungszeit: 35 Minuten
Garzeit: etwa 25 Minuten
Vegetarisch

Zutaten für 4 Portionen

- 100 g Zwiebeln
- 4–6 Knoblauchzehen
- 4 Zweige Rosmarin
- 300 g Champignons
- 200 g Kräuterseitlinge
- 4 l Wasser
- 4 gestr. TL Salz
- 400 g Hartweizen-Nudeln z. B. Penne
- 2 EL Olivenöl
- 150 ml Milch (3,5 % Fett)
- 200 g Schlagsahne (mind. 30 % Fett)
- Salz
- gem. Pfeffer
- 2 EL Speisestärke
- 100 g ger. Mozzarellakäse
- 2 EL Olivenöl
- 35 g gehobelte Haselnusskerne
- fein abger. Schale von 1/2 Bio-Zitrone (unbehandelt, ungewachst)

Pro Portion:

E: 25 g, F: 34 g, Kh: 84 g, kcal: 741

1. Die Zwiebeln abziehen und fein würfeln. Knoblauch abziehen, in dünne Scheiben schneiden. Rosmarin abspülen, trocken tupfen und die Nadeln von den Zweigen zupfen. Pilze putzen und in etwa ½ cm dicke Scheiben schneiden.

2. Das Wasser in einem großen Topf zugedeckt zum Kochen bringen. Dann Salz und Nudeln hinzugeben. Die Nudeln im geöffneten Topf bei mittlerer Hitze nach Packungsanleitung knapp bissfest kochen (d. h. die Nudeln nach etwa zwei Dritteln der auf der Packung angegebenen Kochzeit abgießen), dabei gelegentlich umrühren. Die Nudeln in ein Sieb geben, abtropfen lassen.

3. Inzwischen das Olivenöl in einem großen Topf erhitzen. Die Zwiebelwürfel und die Hälfte der Knoblauchscheiben darin unter Rühren goldbraun anbraten. Die Hälfte der Rosmarinnadeln unterrühren.

4. Milch und Sahne hinzugießen, mit Salz und Pfeffer würzen, zum Kochen bringen. Die Speisestärke mit etwas kaltem Wasser anrühren und in die kochende Flüssigkeit einrühren. Pilze hinzugeben und alles etwa 2 Minuten kräftig kochen lassen, dabei gelegentlich umrühren.

5. In der Zwischenzeit den Backofen vorheizen.
Ober-/Unterhitze: etwa 180 °C
Heißluft: etwa 160 °C

6. Die Pilzcreme mit den Nudeln in einer großen Auflaufform (gefettet) mischen und verteilen. Den Mozzarella daraufstreuen. Die Form auf dem Rost in den vorgeheizten Backofen schieben. Den Nudel-Pilz-Auflauf **etwa 25 Minuten garen.**

7. Olivenöl in einer Pfanne erhitzen. Die gehobelten Haselnusskerne mit den restlichen Knoblauchscheiben darin goldbraun anbraten. Die Zitronenschale und die restlichen Rosmarinnadeln unterrühren. Die Nussmischung auf dem Auflauf verteilen und den Auflauf servieren.

TIPP:

Für eine vegane Variante kann man die Milch durch Haselnussmilch, die Sahne durch Soja-Kochcreme und den geriebenen Mozzarella durch veganen Mozzarella-Streukäse ersetzen.

Lieblingsrezept Nr.

13

PUTEN-REIS-AUFLAUF

Zubereitungszeit: 35 Minuten
Garzeit: 30–40 Minuten

Zutaten für 4 Portionen

400 g Putenbrustfilet
1 EL Sonnenblumenöl
Salz
gem. Pfeffer
Currypulver
1 kg Brokkoli
500 ml Gemüsebrühe
200 g Langkornreis
250 g abgetropfte Aprikosenhälften (aus der Dose)

Für den Guss:

150 ml Aprikosensaft (aus der Dose)
400 ml Gemüsebrühe (von dem Brokkoli)
1 EL Weizenmehl
100 g Schlagsahne (mind. 30 % Fett)
100 g ger. Käse, z. B. Gouda

Pro Portion:

E: 41 g, F: 19 g, Kh: 61 g, kcal: 597

1. Putenbrustfilet mit Küchenpapier abtupfen und in Streifen schneiden.

2. Sonnenblumenöl in einer Pfanne erhitzen. Filetstreifen darin von allen Seiten anbraten. Mit Salz, Pfeffer und Curry würzen. Filetstreifen herausnehmen und beiseitestellen. Die Pfanne mit dem verbliebenen Bratfett ebenfalls beiseitestellen.

3. Von dem Brokkoli die Blätter entfernen. Die Röschen vom Strunk schneiden. Den Strunk schälen und in Stücke schneiden. Brokkolistücke und -röschen abspülen, abtropfen lassen.

4. Brühe in einem Topf zum Kochen bringen. Brokkoli darin in etwa 5 Minuten bissfest garen, in ein Sieb geben, abtropfen lassen. Dabei die Brühe auffangen und 400 ml abmessen.

5. Den Backofen vorheizen.
Ober-/Unterhitze: etwa 180 °C
Heißluft: etwa 160 °C

6. Reis in kochendem Salzwasser etwa 8 Minuten vorgaren, in einem Sieb abtropfen lassen.

7. Aprikosenhälften ebenfalls in einem Sieb abtropfen lassen, den Saft auffangen und 150 ml abmessen. Aprikosenhälften nochmals halbieren.

8. Für den Guss Aprikosensaft und Brokkolibrühe zum beiseitegestellten Bratfett in die Pfanne geben und aufkochen lassen. Mehl mit Sahne anrühren, in die Sauce rühren, unter Rühren aufkochen und etwa 2 Minuten bei mittlerer Hitze unter gelegentlichem Rühren kochen lassen.

9. Die Sauce mit Salz, Pfeffer und Curry abschmecken. Die Hälfte des Käses unterrühren. Die vorbereiteten Zutaten in eine große, flache Auflaufform (gefettet) geben. Die Sauce darauf verteilen und mit dem restlichen Käse bestreuen.

10. Die Form ohne Deckel auf dem Rost in den vorgeheizten Backofen schieben. Den Puten-Reis-Auflauf **30–40 Minuten garen.**

Lieblingsrezept Nr.

14

RATATOUILLE-AUFLAUF MIT FRISCHKÄSE-NOCKEN

Zubereitungszeit: 35 Minuten
Garzeit: etwa 40 Minuten
Vegetarisch

Zutaten für 4 Portionen

knapp 400 ml Gemüsebrühe
200 g Bulgur
1 Knoblauchzehe
2 Zwiebeln
1 mittelgroße Aubergine (etwa 250 g)
1 Zucchini (etwa 250 g)
400 g Fleischtomaten
je 1 rote und gelbe Paprikaschote
je 2 Stängel Salbei und Thymian
2 EL Olivenöl
Salz
gem. Pfeffer
evtl. etwas Cayennepfeffer oder
grob geschroteter Chili
2 Eigelb (Größe M)
100 g Frischkäse (z. B. mit Kräutern und Knoblauch oder pur)
½ TL fein abger. Zitronenschale von 1 Bio-Zitrone (unbehandelt, ungewachst)
2 EL fein geschnittene Basilikumblätter
200 g ger. Gratinkäse

Pro Portion:
E: 26 g, F: 33 g, Kh: 46 g, kcal: 584

1. Die Brühe in einem Topf zum Kochen bringen. Den Bulgur einstreuen und nach Packungsanleitung ausquellen lassen. Bulgur evtl. abgießen und etwas abkühlen lassen.

2. Inzwischen Knoblauch und Zwiebeln abziehen, würfeln. Aubergine, Zucchini und Tomaten abspülen, abtropfen lassen. Den Stängelansatz der Aubergine und die Enden der Zucchini abschneiden. Aubergine und Zucchini in gleich große Würfel schneiden. Tomaten halbieren und die Stängelansätze herausschneiden. Tomaten in Stücke schneiden.

3. Paprikaschoten halbieren, entstielen, entkernen und die weißen Scheidewände entfernen. Die Paprikahälften abspülen, abtropfen lassen, in etwa 3 cm große Stücke schneiden. Kräuter abspülen, trocken tupfen und die Blättchen von den Stängeln zupfen. Blättchen grob schneiden.

4. Das Olivenöl in einer großen Pfanne erhitzen. Zuerst die Knoblauch-, Zwiebel- und Auberginenwürfel darin unter gelegentlichem Rühren leicht braun anbraten. Gemüse mit Salz, Pfeffer, Kräutern und Cayennepfeffer oder Chili würzen. Dann Zucchiniwürfel und Paprikastücke hinzugeben. Das Gemüse weitere etwa 8 Minuten dünsten.

5. Inzwischen den Backofen vorheizen.
Ober-/Unterhitze: etwa 200 °C
Heißluft: etwa 180 °C

6. Die Tomatenstücke zum Gemüse in die Pfanne geben und unterrühren. Die Gemüsemischung nochmals mit Salz und Pfeffer würzen und in einer großen Auflaufform (gefettet) verteilen.

7. Die Form auf dem Rost in den vorgeheizten Backofen (unteres Drittel) schieben. Das Gemüse **etwa 20 Minuten garen.**

8. Eigelb mit Frischkäse und Zitronenschale verrühren, mit Pfeffer würzen, Basilikum unterrühren. Bulgur auflockern und mit etwa 75 g Gratinkäse unter die Frischkäse-Mischung rühren.

9. Die Form aus dem Backofen nehmen und auf einen Rost stellen. Die Bulgurmasse mithilfe eines Esslöffels in Nocken auf das Gemüse setzen, mit dem restlichen Käse bestreuen. Die Form wieder auf dem Rost in den Backofen (unteres Drittel) schieben und bei gleicher Backofentemperatur **weitere etwa 20 Minuten garen.**

Lieblingsrezept Nr.

15

SHEPHERD'S PIE MIT SÜSSKARTOFFEL-PÜREE

Zubereitungszeit: 35 Minuten
Backzeit: etwa 10 Minuten
Mit Alkohol

Zutaten für 4 Portionen

- 1,2 kg Süßkartoffeln
- Salz
- 4 Stängel Minze
- 2 EL gem. Ingwer
- fein abgeriebene Schale von 1 Bio-Limette (unbehandelt, ungewachst)
- 2 rote Paprikaschoten (etwa 400 g)
- 200 g Frühlingszwiebeln
- 2 EL Sonnenblumenöl
- 800 g Gehacktes (halb Rind-, halb Schweinefleisch)
- 2 EL Paprikapulver, edelsüß
- 1 EL gem. Piment (Nelkenpfeffer)
- 1 TL gem. Zimt
- ger. Muskatnuss
- 2 EL gem. Kreuzkümmel (Cumin)
- 3 EL brauner Rum
- Cayennepfeffer

Pro Portion:

E: 46 g, F: 42 g, Kh: 74 g, kcal: 882

1. Süßkartoffeln schälen, abspülen, abtropfen lassen und in 3 cm große Stücke schneiden. Kartoffelstücke in kochendem Salzwasser in etwa 15 Minuten gar kochen. Anschließend in einem Sieb gut abtropfen lassen, in eine Schüssel geben und mit dem Kartoffelstampfer zu einem feinen Püree zerdrücken oder durch eine Kartoffelpresse drücken.

2. Minze abspülen und trocken tupfen. Die Blättchen von den Stängeln zupfen. Blättchen klein schneiden. Minze, 1 Esslöffel Ingwer und Limettenschale zum Püree geben und gut untermischen. Mit etwas Salz würzen.

3. Den Backofen vorheizen.
Ober-/Unterhitze: etwa 250 °C
Heißluft: etwa 230 °C

4. Paprikaschoten halbieren, entstielen, entkernen und die weißen Scheidewände entfernen. Schoten abspülen, abtropfen lassen und in etwa 1 cm breite Streifen schneiden. Frühlingszwiebeln putzen, abspülen, abtropfen lassen und in 1 cm breite Scheiben schneiden.

5. Das Sonnenblumenöl in einer großen Pfanne erhitzen. Das Gehackte darin unter Rühren bei starker Hitze goldbraun anbraten. Dabei die Fleischklümpchen mit einer Gabel zerdrücken.

6. Die Paprikastreifen und Frühlingszwiebelscheiben unterrühren, etwa 2 Minuten kräftig mit andünsten. Restlichen Ingwer, Paprika, Piment, Zimt, Muskat und Kreuzkümmel unterrühren, leicht mitrösten lassen. Mit Rum ablöschen. Mit Salz und Cayennepfeffer leicht scharf würzen.

7. Die Hackfleisch-Paprikamasse in eine Auflaufform (gefettet) geben. Das Süßkartoffelpüree darauf verteilen.

8. Die Form auf dem Rost in den vorgeheizten Backofen schieben. Shepherd's Pie **etwa 10 Minuten überbacken.**

TIPP:

Für eine alkoholfreie Variante anstelle des Rums die gleiche Menge Wasser, Brühe oder Orangensaft verwenden.

Lieblingsrezept Nr.

16

TEX-MEX-AUFLAUF MIT BBQ-HUHN

Zubereitungszeit: 35 Minuten
Backzeit: 5–10 Minuten

Zutaten für 4 Portionen:

3 Paprikaschoten (jeweils rot, gelb, grün)
2 rote Zwiebeln
1 Knoblauchzehe
2 Frühlingszwiebeln
400 g Hähnchen-Innenbrustfilets
3 EL Olivenöl
50 g Speckwürfel
265 g abgetropfter Texasmix mit Mais, Kidneybohnen, Paprika (aus der Dose)
250 g abgetropfte Kidneybohnen (aus der Dose)
3 EL BBQ-Sauce
Salz
gem. Pfeffer
Cayennepfeffer
125 g Tortilla-Chips
150 g ger. Cheddar
1 kleines Bund glatte Petersilie

Pro Portion:
E: 47 g, F: 32 g, Kh: 49 g, kcal: 704

1. Paprikaschoten entstielen, entkernen und die weißen Scheidewände entfernen. Schotenhälften abspülen, abtropfen lassen und in etwa erbsengroße Würfel schneiden. Zwiebeln und Knoblauch abziehen und fein würfeln. Frühlingszwiebeln putzen, abspülen, abtropfen lassen und in Scheiben schneiden.

2. Die Hähnchenfilets mit Küchenpapier abtupfen und in mundgerechte Stücke schneiden. Öl in einer Pfanne erhitzen und vorbereitete Zwiebeln, Knoblauch, Frühlingszwiebeln und Speckwürfel darin 4–5 Minuten anschwitzen, Hähnchenstücke dazugeben. Die Hitze etwas erhöhen und 2–3 Minuten braten. Gewürfelte Paprika dazugeben und ebenfalls 1–2 Minuten mitbraten. Texasmix, Bohnen und BBQ-Sauce in die Pfanne geben, untermischen und mit Salz, Pfeffer und Cayennepfeffer abschmecken.

3. Den Backofen vorheizen.
Ober-/Unterhitze: etwa 180 °C
Heißluft: etwa 160 °C

4. Tortilla-Chips und Hähnchengemüsemix fächerartig in eine Auflaufform (etwa 22 x 34 cm, gefettet) schichten und gleichmäßig mit dem geriebenen Käse bestreuen. Die Auflaufform auf dem Rost in den vorgeheizten Backofen schieben. Den Auflauf **5–10 Minuten überbacken.**

4. Petersilie abspülen, trocken tupfen, die Blättchen von den Stängeln zupfen und die Blättchen grob hacken. Fertig überbackenen Auflauf mit der Petersilie bestreuen und servieren.

TIPPS:

Anstelle der Auflaufform eine ofenfeste Pfanne verwenden.

Fertige Tomatensalsa und/oder Avocado-Dip dazu reichen.

Wer es gern rauchiger mag, kann die Hähnchen-Gemüse-Mischung zusätzlich mit etwas geräuchertem Paprikapulver abschmecken.

Lieblingsrezept Nr.
17

TOMATEN-ZIEGEN-KÄSE-CANNELLONI

Zubereitungszeit: 30 Minuten
Garzeit: etwa 35 Minuten
Vegetarisch

Zutaten für 4 Portionen

Für die Zwiebelsauce:

- 2–3 Zwiebeln (etwa 220 g)
- 3 Knoblauchzehen
- 4 EL Olivenöl
- Salz
- gem. Pfeffer
- grob geschrotete Chiliflocken
- 200 g Schlagsahne (mind. 30 % Fett)

Für die Füllung:

- 4–5 Stängel frische Minze
- 300 g Ziegenfrischkäse (45 % Fett)
- 2 Eigelb (Größe M)
- 3 EL Semmelbrösel
- 400 g Zucchini
- 300–400 g frischer, hauchdünn ausgerollter Nudelteig (aus dem Kühlregal)
- 300 g Cocktailtomaten
- 75 g junger Pecorino oder Parmesan, am Stück

Pro Portion:

E: 26 g, F: 48 g, Kh: 71 g, kcal: 833

1. Für die Sauce die Zwiebeln abziehen, zuerst in Scheiben schneiden und dann in Ringe teilen. Den Knoblauch abziehen und in feine Scheiben schneiden.

2. Das Olivenöl in einer Pfanne erhitzen. Die Knoblauchscheiben darin goldgelb rösten und auf Küchenpapier abtropfen lassen. Die Zwiebelringe in dem verbliebenen Olivenöl goldbraun anbraten, mit Salz, Pfeffer und 1 Prise Chili würzen. Anschließend die Sahne hinzugießen, zum Kochen bringen und bei schwacher Hitze 1–2 Minuten leicht einkochen lassen.

3. Für die Füllung Minze abspülen, trocken tupfen und die Blättchen von den Stängeln zupfen. Blättchen in feine Streifen schneiden. Frischkäse mit Eigelb und Semmelbröseln glatt rühren. Minze, etwas Salz, Pfeffer und die vorbereiteten Knoblauchscheiben unterrühren, mit den Gewürzen abschmecken und kurz stehen lassen.

4. Zucchini abspülen, abtrocknen und die Enden abschneiden. Zucchini auf einer Haushaltsreibe grob raspeln. Zucchiniraspel unter die Frischkäsemasse rühren, nochmals kräftig mit Salz, Pfeffer und evtl. Chili würzen.

5. Den Backofen vorheizen. Ober-/Unterhitze: etwa 200 °C Heißluft: etwa 180 °C.

6. Inzwischen etwas von der Zwiebelsauce in eine Auflaufform (etwa 30 x 20 cm) geben. Den Nudelteig auf einer Arbeitsfläche auf dem Backpapier entrollen. Evtl. mit einer Teigrolle noch etwas dünner ausrollen und in etwa 10 x 30 cm lange Streifen schneiden. Die Teigstreifen jeweils dünn mit der Frischkäse-Zucchini-Masse bestreichen und anschließend jeweils von der kurzen Seite aus aufrollen. Die Tomaten-Ziegenkäse-Cannelloni dicht nebeneinander in die Auflaufform setzen.

7. Tomaten abspülen, abtrocknen und die Stängelansätze herausschneiden. Tomaten in grobe Stücke schneiden, mit etwas Salz und Pfeffer würzen und auf den Cannelloni verteilen. Die restliche Zwiebelsauce darauf verstreichen. Den Pecorino oder Parmesan reiben und darüber streuen.

8. Die Form auf dem Rost in den vorgeheizten Backofen (mittlere Einschubleiste) schieben. Tomaten-Ziegenkäse-Cannelloni **in etwa 35 Minuten goldbraun backen.**

Lieblingsrezept Nr.
18

ÜBERBACKENE KÄSESPÄTZLE

Zubereitungszeit: 45 Minuten, ohne Ruhezeit
Garzeit: 10–15 Minuten
Vegetarisch

Zutaten für 4 Portionen

Für die Spätzle:

- 400 g Weizenmehl
- 4 Eier (Größe M)
- Salz
- 125 ml Wasser
- 250 g mittelalter, ger. Käse, z. B. Gouda oder Emmentaler

Zum Garnieren:

- evtl. 300 g Zwiebeln
- evtl. 75 g Butter

Pro Portion:

E: 29 g, F: 32 g, Kh: 71 g, kcal: 694

1. Für die Spätzle das Mehl in eine Rührschüssel geben und in die Mitte eine Vertiefung drücken. Die Eier mit 1 gestrichenen Teelöffel Salz und 125 ml Wasser verschlagen. Etwas von der Eierflüssigkeit in die Vertiefung gießen und mit einem Mixer (Knethaken) von der Mitte aus mit dem Mehl verrühren. Restliche Eierflüssigkeit nach und nach hinzugießen. Dabei darauf achten, dass keine Klümpchen entstehen.

2. Den Teig so lange rühren, bis er Blasen wirft. Anschließend etwa 15 Minuten ruhen lassen.

3. Den Backofen vorheizen.
Ober-/Unterhitze: etwa 220 °C
Heißluft: etwa 200 °C

4. Wasser und Salz in einem großen Topf zum Kochen bringen. Den Teig portionsweise mit einem Spätzlehobel oder durch eine Spätzlepresse in das kochende Salzwasser geben. Spätzle in 3–5 Minuten gar kochen (die Spätzle sind gar, wenn sie an der Oberfläche schwimmen).

5. Die Spätzle in ein Sieb geben, kurz mit kaltem Wasser abspülen und abtropfen lassen. Die Spätzle abwechselnd mit dem Käse in eine große, flache Auflaufform (gefettet) schichten (die oberste Schicht soll aus Käse bestehen). Die Form auf dem Rost in den vorgeheizten Backofen schieben und die Käsespätzle **10–15 Minuten garen.**

6. Zum Garnieren die Zwiebeln abziehen, zuerst in Scheiben schneiden, dann in Ringe teilen. Butter in einer Pfanne zerlassen, Zwiebelringe darin goldbraun braten, herausnehmen und auf den Spätzle verteilen.

TIPPS:

Geben Sie auf jede Käseschicht noch einige klein geschnittene, getrocknete Tomaten (in Öl eingelegt) und frische, klein geschnittene Liebstöckelblätter.

Servieren Sie zu den Käsespätzle einen Blattsalat mit Joghurt-Dressing.

Lieblingsrezept Nr.

19

ANTIPASTI-VARIATIONEN

Zubereitungszeit: 50 Minuten, ohne Durchziehzeit
Garzeit: etwa 30 Minuten
Vegan

Zutaten für 4 Portionen

- 2 Auberginen (etwa 500 g)
- 500 g kleine Möhren
- 2 Zucchini (etwa 500 g)
- 250 g braune Champignons
- 8 EL Olivenöl
- 1 Bio-Zitrone (unbehandelt, ungewachst)
- 20 g abgetropfte Kapern (aus dem Glas)
- 3 Stängel Minze,
- 1 rote Chilischote
- 1 Knoblauchzehe
- 1–2 EL weißer Balsamessig
- 50 g + 1 EL abgetropfte schwarze Oliven, in Scheiben (aus dem Glas)
- 1 Frühlingszwiebel
- 3 Stängel Basilikum

Pro Portion:
E: 7 g, F: 3 g, Kh: 13 g, kcal: 549

1. Auberginen, Möhren und Zucchini abspülen und abtropfen lassen. Von den Auberginen die Stängelansätze abschneiden. Die Auberginen quer in etwa ½ cm dicke Scheiben schneiden, mit Salz bestreuen und Saft ziehen lassen.

2. Den Backofen vorheizen.
Ober-/Unterhitze: etwa 180 °C
Heißluft: etwa 160 °C

3. Die Möhren putzen, schälen, abspülen und abtropfen lassen. Dünne Möhren in etwa 1 cm dicke Scheiben schneiden. Dicke Möhren zuvor längs halbieren und in etwa ½ cm dicke Scheiben schneiden. Von den Zucchini die Enden abschneiden. Die Zucchini längs halbieren und schräg in 1 cm dicke Scheiben schneiden. Champignons putzen, evtl. kurz abspülen, trocken tupfen und je nach Größe halbieren oder vierteln.

4. Auberginenscheiben mit Küchenpapier abtupfen. Vorbereitetes Gemüse und Champignons nach Sorten getrennt in jeweils 2 Esslöffeln Olivenöl wenden und getrennt voneinander in einem tiefen Backblech verteilen. Das Backblech in den vorgeheizten Backofen schieben. Gemüse und Pilze **etwa 30 Minuten garen.** Zwischendurch einmal wenden.

5. Gemüse und Pilze etwas abkühlen lassen. Möhren, Zucchini und Auberginen in jeweils eine Schüssel geben. Die Zitrone heiß abwaschen, trocken tupfen und etwas Schale fein abreiben. Die Zitrone halbieren und auspressen. Möhren mit etwas Zitronenschale, Salz, 1–2 Esslöffeln Zitronensaft und den Kapern vermengen.

6. Minze abspülen, trocken tupfen, die Blättchen von den Stängeln zupfen und, bis auf einige zum Garnieren, hacken. Gehackte Minze, Salz und 1–2 Esslöffel Zitronensaft mit den Zucchinischeiben vermengen.

7. Chilischote halbieren, entstielen, entkernen und die weißen Scheidewände mit den Kernen entfernen. Schote abspülen und abtropfen lassen. Knoblauch abziehen. Chili und Knoblauch fein hacken und zusammen mit dem Essig und den Olivenscheiben unter die Auberginenscheiben mischen.

8. Frühlingszwiebel putzen, abspülen, abtropfen lassen und schräg in sehr dünne Scheiben schneiden. Basilikum abspülen, trocken tupfen, die Blättchen von den Stängeln zupfen und, bis auf einige zum Garnieren, in Streifen schneiden. Pilze mit dem Sud aus dem Backblech, Frühlingszwiebeln und Basilikumstreifen vermengen. Gemüse und Pilze zugedeckt etwa 2 Stunden bei Zimmertemperatur ziehen lassen.

9. Vorbereitetes Gemüse und Pilze mit Salz, Zitronensaft oder Essig und Pfeffer abschmecken, getrennt nach Sorten anrichten und mit restlichen Basilikum- und Minzeblättern garnieren.

Lieblingsrezept Nr.

20

BLECHPIZZA MIT ÄPFELN UND ZIEGENKÄSE

Zubereitungszeit: 35 Minuten
Backzeit: 15–20 Minuten

Zutaten für 4–6 Portionen

Für den Belag:

2 Bund Frühlingszwiebeln (300–350 g)
3 EL Rapsöl
Salz
gem. Pfeffer
2 TL rote Pfefferbeeren
500 g süß-saure Äpfel, z. B. Cox Orange
25 g Butter
abger. Schale und Saft von 1 Bio-Zitrone (unbehandelt, ungewachst)
100 g Tiroler Speck in dünnen Scheiben

Für die Creme:

2 Stängel Rosmarin
150 g Ziegenfrischkäse
200 g Schmand

1 Pck. Pizzateig (550 g, 30 x 40cm) aus dem Kühlregal

Pro Portion:

E: 21 g, F: 42 g, Kh: 78 g, kcal: 780

1. Für den Belag Frühlingszwiebeln putzen, abspülen und abtropfen lassen und schräg in Scheiben schneiden. 2 Esslöffel Rapsöl in einer ausreichend großen Pfanne erhitzen und die Frühlingszwiebelscheiben darin für 4–5 Minuten unter Wenden andünsten. Dabei mit Salz und Pfeffer würzen. Pfefferbeeren einstreuen, vermengen und kurz zur Seite stellen.

2. Äpfel abspülen, abtropfen lassen, vierteln, Kerngehäuse entfernen und in dünne Spalten schneiden. Restliches Öl und Butter in einer Pfanne erhitzen und die Apfelspalten darin 2–3 Minuten andünsten. Dabei mit etwas Salz und Pfeffer würzen und zum Schluss mit der Hälfte vom Zitronensaft ablöschen. Alles einmal kurz aufkochen. Beiseitestellen.

3. Die Speckscheiben jeweils in 4 Stücke schneiden. Für die Creme Rosmarin abspülen, trocken tupfen und die Nadeln von den Stängeln zupfen. Nadeln grob hacken und zusammen mit dem Ziegenfrischkäse, Schmand, restlichen Zitronensaft und Zitronenabrieb verrühren. Die Creme mit Salz und Pfeffer abschmecken.

4. Backofen vorheizen.
Ober-/Unterhitze: etwa 230 °C
Heißluft: etwa 210 °C

5. Den Pizzateig nach Packungsangabe auf das Backblech legen. Etwa ¾ der Ziegenkäsecreme auf dem Teig verstreichen. Frühlingszwiebeln, Apfelspalten, Rosmarinnadeln und Speck nacheinander auf der Creme verteilen, restliche Creme in Klecksen auf der Pizza verteilen.

6. Das Backblech in den vorgeheizten Backofen schieben (unteres Drittel) und die Pizza **15–20 Minuten backen.**

TIPPS:

Nach dem Backen die Pizza mit frisch gemahlenem Pfeffer abrunden.

Wer es etwas lieblicher mag, kann die Pizza vor dem Backen mit etwas flüssigem Honig (20–30 g) beträufeln.

Die Pizza kann auch ohne den Speck zubereitet werden.

Lieblingsrezept Nr.

21

COQ AU VIN

Zubereitungszeit: etwa 30 Minuten
Garzeit: 50–55 Minuten
Mit Alkohol

Zutaten für 4 Portionen

1 Hähnchen (etwa 1,2 kg) oder 4 Hähnchenkeulen (je 200–250 g)
300 g kleine Zwiebeln oder Schalotten
2–3 Knoblauchzehen
1 Stängel Rosmarin
1 Stängel Thymian
1 Möhre
200 g Champignons
1 große mehligkochende Kartoffeln (etwa 140 g)
4 EL Pflanzenöl
Salz
gem. Pfeffer
50 g Speckwürfel
1 EL Tomatenmark
0,7 l trockener Rotwein, z. B. Spätburgunder
200 ml Geflügel- oder Gemüsebrühe
2–3 Lorbeerblätter
2 EL Holundergelee

Pro Portion:

E: 36 g, F: 29 g, Kh: 18 g, kcal: 591

1. Hähnchen oder Hähnchenkeulen mit Küchenpapier abtupfen. Hähnchen in je 4 Brust- und Keulenstücke teilen. Zwiebeln oder Schalotten und Knoblauch abziehen. Kräuter mit Küchengarn zusammenbinden. Möhre putzen, schälen und in streichholzdicke Stäbchen schneiden. Pilze putzen, evtl. kurz abspülen und trocken tupfen. Die Pilze je nach Größe einmal halbieren. Kartoffel schälen, abspülen und abtropfen lassen.

2. Öl in einem Bräter erhitzen und die Hähnchenteile darin rundherum anbraten. Mit Salz und Pfeffer würzen. Anschließend aus dem Bräter nehmen. Speck, Zwiebeln, Knoblauch, Möhren und Champignons in den Bräter geben und im Anbratfett 4–5 Minuten anschwitzen. Tomatenmark hinzugeben und 1–2 Minuten mit anschwitzen.

3. Den Backofen vorheizen.
Ober-/Unterhitze: etwa 180 °C
Heißluft: etwa 160 °C

4. Die Gemüsemischung mit Rotwein und Brühe ablöschen. Angebratene Geflügelteile, Kräuterbündel, Lorbeerblätter sowie Gelee mit in den Bräter geben. Kartoffel auf einer Küchenreibe fein reiben, ebenfalls mit in den Bräter geben und alles behutsam miteinander vermengen.

5. Bräter zugedeckt auf dem Rost in den vorgeheizten Backofen schieben. Coq au vin **50–55 Minuten garen.**

6. Den Inhalt des Bräters in ein Sieb geben und die Flüssigkeit dabei in einem Topf auffangen. Flüssigkeit bei mittlerer Hitze etwa bis zur Hälfte einkochen lassen und anschließend mit Salz und Pfeffer abschmecken.

7. Hähnchen und Gemüse wieder in die Sauce geben, erhitzen und servieren.

TIPPS:

Noch würziger wird das Huhn, wenn es über Nacht zusammen mit dem Rotwein und den Kräutern in einem verschließbaren Gefrierbeutel im Kühlschrank mariniert wird. Am nächsten Tag das Coq au vin wie beschrieben zubereiten.

Die einreduzierte Sauce zusätzlich mit 1 Teelöffel Crème fraîche und frisch abgeriebener Zitronenschale abschmecken.

Wer keinen Speck mag, kann ihn auch weglassen. Oder den Speck erst nach dem Schmoren in der Pfanne anbraten und über das fertige Gericht geben bzw. dazureichen.

Lieblingsrezept Nr.

22

FLAMMKUCHEN MIT GRÜNEM SPARGEL

Zubereitungszeit: 40 Minuten, ohne Ruhezeit
Garzeit: 8–10 Minuten pro Flammkuchen

Zutaten für 4 Portionen

Für den Teig:

400 g Dinkelmehl (Type 630)
1 ½ TL Salz
230 ml Wasser
4 EL Rapsöl

Für den Belag:

800 g grüner Spargel
250 g Cherrytomaten
4 Stängel Basilikum
400 g Crème fraîche
Salz
150 g Pastrami (geräucherte und gewürzte Rinderbrust) oder Rindersaftschinken in dünnen Scheiben
gem. Pfeffer

Pro Portion:

E: 26 g, F: 42 g, Kh: 81 g, kcal: 831

1. Für den Teig Mehl und Salz in einer Schüssel mischen. Wasser und Öl hinzugeben. Die Zutaten zu einem glatten Teig verkneten, auf der bemehlten Arbeitsfläche zu einer Kugel formen und unter einer umgedrehten Schüssel bei Zimmertemperatur ruhen lassen, etwa 30 Minuten.

2. Für den Belag den Spargel abspülen, abtropfen lassen, das untere Drittel schälen und die unteren Enden abschneiden. Die Stangen der Länge nach durchschneiden. Die Cherrytomaten abspülen, abtropfen lassen und in Scheiben schneiden. Basilikum abspülen, trocken tupfen, die Blättchen von den Stängeln zupfen und je nach Größe in Streifen schneiden oder ganz lassen.

3. Den Backofen vorheizen.
Ober-/Unterhitze: etwa 250 °C
Heißluft: etwa 230 °C

4. Den Teig auf der bemehlten Arbeitsfläche in 4 gleichgroße Portionen teilen. 1 Portion zu einem Rechteck (etwas kleiner als das Backblech) ausrollen und auf ein mit Backpapier belegtes Backblech ziehen. Den restlichen Teig wieder zudecken.

5. Die Zutaten für den Belag in jeweils 4 Portionen teilen. Den ausgerollten Teig zuerst mit 100 g Crème fraîche bestreichen. Dann mit ¼ von dem Spargel und den Tomaten belegen und mit etwas Salz bestreuen. Das Backblech in den vorgeheizten Backofen schieben. Den Flammkuchen **8–10 Minuten braun backen.** (Bei Heißluft können auch 2 Bleche auf einmal in den Ofen geschoben werden.)

6. Inzwischen eine weitere Teigportion ebenso ausrollen und auf einen Bogen Backpapier ziehen. Wenn der erste Flammkuchen fertig ist, den ausgerollten Teig auf das heiße Blech ziehen und wie beschrieben belegen und backen.

7. Die Flammkuchen nach dem Backen mit je einer Portion Pastrami oder Schinken und Basilikum belegen und mit etwas Pfeffer bestreuen. Die Flammkuchen heiß servieren.

TIPP:

Anstelle von Pastrami können Sie auch luftgetrockneten Schinken wie Serrano- oder Parmaschinken verwenden.

Lieblingsrezept Nr.

23

GEFÜLLTE PANINI

Zubereitungszeit: 45–50 Minuten, ohne Ruhe-/Teiggehzeit
Backzeit: 15–20 Minuten
Vegetarisch

Zutaten für 10 kleine Panini

Für den Hefeteig:

- 300 ml warmes Wasser
- 1/2 Würfel frische Hefe (21 g)
- 1 geh. TL Salz
- 2 TL Zucker
- 4–5 TL Olivenöl
- 500 g Weizenmehl (Type 550)

Für die Füllung:

- 1 rote Zwiebel
- 2 Knoblauchzehen
- 1 Aubergine
- 2 kleine Zucchini
- je 1 rote und gelbe Paprikaschote
- 2 Stängel Rosmarin
- etwa 80 ml Olivenöl
- Salz
- gem. Pfeffer
- 250 g Mozzarella

Pro Panino:

E: 11 g, F: 18 g, Kh: 40 g, kcal: 374

1. Für den Hefeteig das Wasser in die Rührschüssel einer Küchenmaschine geben. Hefe hineinbröseln, Salz, Zucker und Öl hinzugeben. Mehl sieben, hinzufügen und alles in etwa 5 Minuten zu einem glatten Teig verkneten. Den Teig zugedeckt so lange an einem warmen Ort gehen lassen, bis er sich sichtbar vergrößert hat, etwa 45 Minuten.

2. Für die Füllung Zwiebel und Knoblauch abziehen, halbieren und in Scheiben schneiden. Auberginen, Zucchini und Paprika abspülen und abtropfen lassen. Auberginen putzen, je nach Dicke längs halbieren und in etwa 5 mm dicke Scheiben schneiden. Mit den Zucchini ebenso verfahren. Paprikaschoten grob schälen, halbieren, entstielen, entkernen, weiße Scheidewände entfernen und die Paprika in mundgerechte Stücke schneiden. Rosmarin abspülen, trocken tupfen und die Nadeln von den Stängeln zupfen. Nadeln grob hacken. Knoblauch durch eine Presse drücken und zusammen mit dem Olivenöl, geschnittenem Gemüse und Rosmarin in einer Schüssel vermengen. Das Gemüse gut mit Salz und Pfeffer würzen. Mariniertes Gemüse für etwa 15 Minuten ziehen lassen.

3. Den Backofengrill vorheizen.

4. Das Gemüse auf einem Backblech verteilen und unter den vorgeheizten Backofengrill schieben. Das Gemüse **15–20 Minuten grillen.** Dabei das Gemüse nach der Hälfte der Zeit einmal wenden.

5. Mozzarella in einem Sieb gut abtropfen lassen.

6. Den Hefeteig auf eine gut bemehlte Arbeitsfläche geben und in etwa 10 gleichgroße Stücke teilen. Die Teigstücke zu runden Kugeln formen. Dabei darauf achten, dass nicht die ganze Luft aus dem Teig gedrückt wird. Die Kugeln behutsam zu runden Teigplatten (Ø etwa 15 cm) ausrollen. Mehl von der Teigoberfläche entfernen. Am besten funktioniert das mit einem sauberen Pinsel.

7. Gegrilltes Gemüse jeweils auf der Hälfte der Teigplatten verteilen. Mozzarella in je 5 etwa gleichschwere Scheiben schneiden und jeweils 1 Scheibe auf das Gemüse legen. Die Teigplatten zuklappen, an den Rändern gut andrücken, sodass gefüllte Teiglinge entstehen. Die mit gleichmäßigem Abstand auf einem Backblech (mit Backpapier belegt) verteilen. Die Teiglinge mit etwas Mehl bestäuben, mit einem Küchentuch abdecken nochmals 15–20 Minuten gehen lassen.

8. Den Backofen vorheizen.
Ober-/Unterhitze: etwa 200 °C
Heißluft: etwa 180 °C

9. Das Backblech in den vorgeheizten Backofen schieben. Die Panini **15–20 Minuten backen.**

10. Panini nach dem Backen etwas abkühlen lassen.

Lieblingsrezept Nr.

24

GYROSHÄHNCHEN MIT FETA

Zubereitungszeit: 15 Minuten
Garzeit: etwa 25 Minuten

Zutaten für 4 Portionen

- 2–3 EL Panko-Paniermehl oder 1 Scheibe Toastbrot
- 11–12 EL Olivenöl
- 1 Pck. TK-Gartenkräuter (etwa 50 g)
- abger. Schale und Saft von einer 1 Bio-Zitrone (unbehandelt, ungewachst)
- 12 Hähnchen-Unterschenkel
- Salz
- gem. Pfeffer
- 1 geh. TL Paprikapulver
- 2 geh. TL Gyrosgewürz
- 200 g Fetakäse
- 1 Bio-Zitrone (unbehandelt, ungewachst)

Pro Portion:

E: 63 g, F: 73 g, Kh: 5 g, kcal: 934

1. Panko-Paniermehl oder zerriebene Toastbrotscheibe mit 4 Esslöffeln Olivenöl, TK-Kräutern und der Zitronenschale in einem Blitzhacker zu einer feinen Kräuterpanade zerkleinern.

2. Den Backofen vorheizen.
Ober-/Unterhitze: etwa 220 °C
Heißluft: etwa 200 °C

3. Hähnchenkeulen mit einem Küchenpapier abtupfen und in eine Schüssel geben. Kräftig mit Salz, Pfeffer und Paprikapulver würzen. Zitronensaft, Gyrosgewürz und 4 Esslöffel Olivenöl verrühren und die Keulen damit einreiben. Keulen auf einem Backblech (mit Backpapier belegt) verteilen. Das Backblech in den vorgeheizten Backofen schieben und die Hähnchenkeulen **etwa 15 Minuten vorgaren.**

4. Keulen kurz aus dem Ofen nehmen, das Fetastück quer in 12 Scheiben schneiden und auf den Keulen verteilen. Kräuterpanade auf die Fetakäsescheiben geben, mit dem restlichen Olivenöl beträufeln und im Backofen **weitere 20–25 Minuten fertig backen.**

5. Zitrone heiß abwaschen, abtrocknen, in Spalten schneiden und zusammen mit dem Gyroshähnchen servieren.

TIPP:

Dazu passen knuspriges Fladenbrot und Krautsalat.

Lieblingsrezept Nr.

25

KNUSPER-BACK-OFEN-SCHNITZEL

Zubereitungszeit: 10 Minuten
Bratzeit: etwa 25 Minuten

Zutaten für 4 Portionen

- 4 Putenschnitzel (je 150 g; aus der Brust geschnitten, etwa 1 cm dick)
- 1 EL Weizenmehl
- 35 g Panko-Paniermehl (japanisches Paniermehl)
- 1 Ei (Größe S)
- 1 EL Wasser
- 4–5 EL Sonnenblumenöl
- Salz
- gem. Pfeffer
- 1 TL Paprikapulver edelsüß

Pro Stück:
E: 39 g, F: 13 g, Kh: 8 g, kcal: 308

1. Den Backofen vorheizen.
Ober-/Unterhitze: etwa 220 °C
Heißluft: etwa 200 °C

2. Schnitzel mit Küchenpapier abtupfen und mit Mehl bestäuben. Überschüssiges Mehl leicht abklopfen. Panko-Paniermehl in einen tiefen Teller geben. In einem weiteren tiefen Teller das Ei mit dem Wasser verschlagen.

3. Die Schnitzel zuerst durch das verschlagene Ei ziehen, am Tellerrand abstreifen. Dann in dem Panko-Paniermehl wenden. Die Panade leicht andrücken. Schnitzel nebeneinander auf einem Backblech (mit Backpapier belegt) oder in einer Auflaufform (mit Backpapier ausgelegt) verteilen.

4. Sonnenblumenöl mit etwas Salz, Pfeffer und Paprika verrühren. Die Schnitzel mit der Ölmischung bestreichen. Das Backblech oder die Form auf dem Rost in den vorgeheizten Backofen schieben. Die Schnitzel **etwa 25 Minuten braten.** Dabei die Schnitzel während des Bratens einmal vorsichtig wenden.

TIPPS:

Sofern vorhanden, etwa 10 Minuten vor Ende der Garzeit die Grillfunktion des Backofens hinzuschalten, damit die Schnitzel so eine besonders knusprige Kruste bekommen. Dabei darauf achten, dass die Kruste nicht verbrennt.

Als schnell gemachte, leichte und frische Beilage eignet sich ein Tomaten-Salat.

Leckere Variations-Ideen für die Panade: Aromatisieren Sie die Brösel mit getrockneten Kräutern der Provence, Sesamsamen, Röstzwiebeln oder auch mal mit Senfkörnern.

Lieblingsrezept Nr.

26

KÜRBISWEDGES MIT BACON

Zubereitungszeit: 35 Minuten
Backzeit: 18–20 Minuten

Zutaten für 6 Portionen

Zum Vorbereiten:
30 g Kürbiskerne
1 kleiner Hokkaido-Kürbis (etwa 600 g)
10 g Butter
1 EL Quittengelee oder Aprikosenkonfitüre
1 EL Zitronensaft
1 TL gem. Koriander
Salz
Cayennepfeffer
12 Stängel Thymian
12 Scheiben Bacon (Frühstücksspeck, etwa 175 g)

Für den Dip:
250 g Crème fraîche
2 EL Sahnemeerrettich (aus dem Glas)
6 TL Kürbiskernöl

Pro Portion:
E: 8 g, F: 31 g, Kh: 10 g, kcal: 351

1. Zum Vorbereiten Kürbiskerne in einer Pfanne ohne Fett unter Wenden rösten, anschließend auf einen Teller geben.

2. Den Backofen vorheizen.
Ober-/Unterhitze: etwa 200 °C
Heißluft: etwa 180 °C

3. Kürbis abspülen, abtrocknen und halbieren. Die Kerne herausschaben. Den Kürbis mit Schale in 12 gleich große Spalten schneiden.

4. Die Butter mit Gelee oder Konfitüre, Zitronensaft, Koriander, etwas Salz und Cayennepfeffer in einem Topf zerlassen. Die Kürbisspalten damit bestreichen, dabei die Schale nicht mit bestreichen.

5. Thymian abspülen und abtropfen lassen. Auf jede Kürbisspalte einen Thymianstängel legen. Jede Kürbisspalte mit 1 Scheibe Bacon umwickeln.

6. Die Kürbisspalten mit der Schalenseite nach unten auf ein Backblech (mit Backpapier belegt) legen. Das Backblech in den vorgeheizten Backofen (unteres Drittel) schieben. Die Kürbiswedges **18–20 Minuten backen.**

7. Für den Dip die gerösteten Kürbiskerne in kleine Stückchen hacken. Crème fraîche mit Sahnemeerrettich, Kürbiskernen und etwas Salz verrühren. Den Dip in 6 kleine Schälchen füllen, mit je 1 Teelöffel Kürbiskernöl beträufeln.

8. Die Kürbiswedges mit dem Dip servieren.

TIPPS:

Servieren Sie die Kürbiswedges als Vorspeise mit einem kleinen grünen Salat.

Im Gegensatz zu anderen Kürbissorten kann die dünne Schale des Hokkaido-Kürbisses mitgegessen werden. Sie wird beim Garen weich. Die Kerne müssen entfernt werden. Das Fruchtfleisch des Hokkaido schmeckt nussig-aromatisch.

Lieblingsrezept Nr.

27

MAKKARONI VOM OFENBLECH

Zubereitungszeit: 40 Minuten
Backzeit: 20–25 Minuten

Zutaten für 4–6 Portionen:

Salz
500 g Makkaroni
2 rote Zwiebeln
3 Knoblauchzehen
6–7 Sardellenfilets in Öl
2–3 EL Kapern (aus dem Glas)
100 g Mascarpone (ital. Frischkäse)
80 g frisch ger. Pecorinokäse
abger. Schale von 1 Bio-Zitrone (unbehandelt, ungewachst)
50 g TK-Basilikum
gem. Pfeffer
3 Kugeln Büffelmozzarella (jeweils 125 g)
4 EL Sonnenblumenkerne
3 EL Sojasauce
3–4 EL Olivenöl
500 g verschiedenfarbige kleine Tomaten

Pro Portion (bei 4 Portionen):

E: 47 g, F: 52 g, Kh: 98 g, kcal: 1056

1. Wasser in einem Topf zugedeckt zum Kochen bringen. Dann Salz und Makkaroni hinzugeben. Die Nudeln bei mittlerer Hitze 1 Minute weniger als nach Packungsanleitung kochen, dabei gelegentlich umrühren. Nudeln in ein Sieb geben, abtropfen lassen und beiseitestellen.

2. Zwiebeln und Knoblauch abziehen. Sardellen und Kapern abtropfen lassen und fein hacken. Knoblauch durch eine Presse drücken und in einer großen Schüssel mit Sardellen, Kapern, Mascarpone, die Hälfte vom Pecorinokäse, Zitronenabrieb und dem TK-Basilikum zu einer glatten Creme verrühren. Die Creme mit Salz und Pfeffer abschmecken.

3. Abgetropfte Makkaroni in die Creme geben und alles miteinander vermischen. Mozzarella in ein Sieb geben und abtropfen lassen.

4. Sonnenblumenkerne in einer Pfanne ohne Fett 2–3 Minuten goldbraun rösten. Pfanne von der Kochstelle ziehen, etwas abkühlen lassen und mit Sojasauce ablöschen. Kerne beiseitestellen.

5. Den Backofen vorheizen.
Ober-/Unterhitze: etwa 200 °C
Heißluft: etwa 180 °C
Eine Fettpfanne mit 1–2 Esslöffeln Olivenöl einfetten.

6. Abgezogene Zwiebeln mit dem Messer oder Küchenhobel in sehr dünne Ringe schneiden. Mozzarella ebenfalls in möglichst dünne Scheiben schneiden. Tomaten abspülen, abtropfen lassen und halbieren. Cremige Makkaroni mit ⅓ der Mozzarellascheiben mischen und in der vorbereiteten Fettpfanne verteilen.

7. Restlichen Mozzarellascheiben auf den Cremenudeln verteilen, mit Salz und Pfeffer würzen. Halbierte Tomaten, vorbereitete Sonnenblumenkerne und Zwiebelringe darauf verteilen, nochmals mit Salz und Pfeffer würzen. Mit restlichem Pecorinokäse bestreuen und mit restlichem Olivenöl beträufeln.

8. Die Fettpfanne in den vorgeheizten Backofen schieben. Den Auflauf **20–25 Minuten backen.**

TIPP:

Anstelle von TK-Basilikum 2 Bund frisches Basilikum verwenden. Dafür das Basilikum abspülen, trocken tupfen, die Blättchen von den Stängeln zupfen. Ein paar Blättchen zum Garnieren beiseitelegen. Die restlichen Blättchen in feine Streifen schneiden.

Lieblingsrezept Nr.

28

OFENGEMÜSE MIT PAPRIKA-HUMMUS

Zubereitungszeit: etwa 10 Minuten
Garzeit: etwa 20 Minuten
Vegan

Zutaten für 4 Portionen

Für den Paprika-Hummus:

265 g Kichererbsen (aus der Dose)
2 Knoblauchzehen
4 abgetropfte geröstete Paprikaschoten (aus dem Glas)
2 TL Tomatenmark
1/2 TL Sambal Oelek
2 TL Agavendicksaft
1 EL Hefeflocken
Salz
gem. Pfeffer

Für das Ofengemüse:

12 kleine Kartoffeln, z. B. Drillinge
3 Möhren
2 Petersilienwurzeln
8 Stück Rosenkohl, alternativ 1/2 Kopf Blumenkohl (etwa 440 g)
4 Schalotten, alternativ 2 rote Zwiebeln

Für die Marinade:

1 Stängel Rosmarin
1 Stängel Thymian
4 EL Olivenöl
1 TL Paprikapulver
1 Msp. Rauchpaprikapulver

Pro Portion:
E: 12 g, F: 12 g, Kh: 43 g, kcal: 360

1. Für den Paprika-Hummus Kichererbsen in ein Sieb geben. Dabei den Kichererbsensud auffangen. Die Knoblauchzehen abziehen. Kichererbsen mit Knoblauchzehen, Paprika, Tomatenmark, Sambal Oelek, Agavendicksaft und Hefeflocken in einen hohen Rührbecher geben und mit einem Pürierstab pürieren. Bei Bedarf etwas von dem Kichererbsensud hinzugeben, bis die gewünschte Cremigkeit erreicht ist. Paprika-Hummus mit Salz und Pfeffer abschmecken und bis zum Servieren beiseitestellen.

2. Für das Ofengemüse Kartoffeln abspülen, abtropfen lassen und längs halbieren. Möhren und Petersilienwurzeln putzen, schälen, abspülen, abtropfen lassen und längs vierteln. Rosenkohl putzen, abspülen, abtropfen lassen und halbieren. Schalotten abziehen und halbieren.

3. Den Backofen vorheizen.
Ober-/Unterhitze: etwa 220 °C
Heißluft: etwa 200 °C

4. Für die Marinade die Kräuter abspülen und trocken tupfen. Nadeln und Blättchen von den Stängeln zupfen und grob hacken. Kräuter in einer Schüssel mit Olivenöl und den Paprikapulvern mischen. Vorbereitetes Gemüse dazugeben, mit Salz und Pfeffer würzen und gut miteinander vermengen. Mariniertes Gemüse auf einem Backblech (mit Backpapier belegt) verteilen. Das Backblech in den vorgeheizten Backofen schieben und das Ofengemüse **etwa 20 Minuten garen.**

5. Ofengemüse auf Tellern oder einer Platte anrichten und zusammen mit dem Paprika-Hummus servieren.

TIPPS:

Wird das Paprika-Hummus am Tag vorher zubereitet, sollte es abgedeckt im Kühlschrank aufbewahrt werden.

Anstelle der kleinen Kartoffeln Süßkartoffeln verwenden. Die Süßkartoffeln dafür schälen, abspülen, abtropfen lassen und in mundgerechte Stücke schneiden.

Lieblingsrezept Nr.

29

OSSOBUCO

Zubereitungszeit: 30 Minuten
Garzeit: etwa 3 ½ - 4 Stunden
Mit Alkohol

Zutaten für 4 Portionen

- 4 Kalbshaxenscheiben (mit Knochen, je etwa 300 g)
- 1 Möhre (etwa 135 g)
- 1 Stange Staudensellerie (etwa 50 g)
- 1 Stange Lauch (etwa 250 g)
- 1 Knoblauchzehe
- 1 Zwiebel (etwa 80 g)
- 3 Fleischtomaten (etwa 600 g)
- 100 ml Olivenöl
- Salz
- gem. Pfeffer
- 100 ml Weißwein
- 500 ml heiße Fleischbrühe
- einige Stängel Petersilie
- ½ TL abger. Bio-Zitronenschale (unbehandelt, ungewachst)

Pro Portion:

E: 28 g, F: 31 g, Kh: 7 g, kcal: 436

1. Den Backofen bei Ober-/Unterhitze auf 95 °C vorheizen.

2. Die Haxenscheiben mit Küchenpapier abtupfen.

3. Möhre, Sellerie und Lauch putzen. Möhre schälen, abspülen, abtropfen lassen und in Streifen schneiden. Selleriestange putzen, abspülen und abtropfen lassen. Die Lauchstange längs halbieren, gründlich waschen, abtropfen lassen. Sellerie und Lauch in Stücke schneiden.

4. Knoblauch und Zwiebel abziehen, klein würfeln. Tomaten kreuzweise einschneiden und mit kochendem Wasser übergießen. Nach 1–2 Minuten herausnehmen und mit kaltem Wasser abschrecken. Tomaten häuten, halbieren und die Stängelansätze herausschneiden. Tomaten entkernen und in Würfel schneiden.

5. Olivenöl in einem Bräter erhitzen. Die Fleischscheiben darin von beiden Seiten gut anbraten, mit Salz und Pfeffer würzen. Zwiebelwürfel, Möhrenstreifen, Sellerie- und Lauchstücke hinzufügen und kurz mit andünsten, mit Wein ablöschen.

6. Heiße Brühe hinzugießen und Tomatenwürfel hinzugeben. Den Bräter auf dem Rost in den vorgeheizten Backofen (unteres Drittel) schieben. Die Kalbshaxenscheiben **etwa 3 ½–4 Stunden garen.**

7. Die Petersilie abspülen und trocken tupfen. Die Blättchen von den Stängeln zupfen, Blättchen klein schneiden. Petersilie kurz vor Ende der Garzeit mit den Knoblauchwürfeln und der Zitronenschale zum Ossobuco in den Bräter geben. Ossobuco mit Salz und Pfeffer abschmecken und servieren.

T TIPPS:

In Italien serviert man zu diesem klassischen Gericht „Risotto alla milanese“.

Lecker dazu: kleine Ofen- oder Rosmarinkartoffeln.

Lieblingsrezept Nr.
30

PIZZA MARGHERITA

Zubereitungszeit: etwa 60 Minuten ohne Teiggehzeit
Backzeit: 25–30 Minuten
Vegetarisch

Zutaten für 4 Portionen

Für den Hefeteig:

300 g Weizenmehl
1 Pck. Trockenbackhefe
$^1/_2$ TL Zucker
1 gestr. TL Salz
3 EL Olivenöl
125 ml lauwarmes Wasser

Für den Belag:

400 g Tomaten
250 g Mozzarella
Salz
gem. Pfeffer
12 Basilikumblättchen
50 g ger. Parmesan
3 EL Olivenöl

Pro Portion:

E: 25 g, F: 35 g, Kh: 58 g, kcal: 648

1. Für den Teig Mehl in eine Rührschüssel sieben, mit Trockenbackhefe sorgfältig vermischen. Zucker, Salz, Olivenöl und Wasser hinzufügen. Die Zutaten mit einem Mixer (Knethaken) zunächst kurz auf niedrigster, dann auf höchster Stufe in etwa 5 Minuten zu einem glatten Teig verarbeiten. Den Teig zugedeckt so lange an einem warmen Ort gehen lassen, bis er sich sichtbar vergrößert hat, etwa 30 Minuten.

2. Das Backblech einfetten. Den Backofen vorheizen.
Ober-/Unterhitze: etwa 200 °C
Heißluft: etwa 180 °C

3. Für den Belag Tomaten kreuzweise einschneiden und mit kochendem Wasser übergießen. Nach 1–2 Minuten herausnehmen und mit kaltem Wasser abschrecken. Tomaten häuten, halbieren und die Stängelansätze herausschneiden. Tomatenhälften in Scheiben schneiden. Mozzarella abtropfen lassen und in Scheiben schneiden.

4. Den gegangenen Teig leicht mit Mehl bestäuben, aus der Schüssel nehmen, auf einer bemehlten Arbeitsfläche nochmals kurz durchkneten und auf einem Backblech (30 x 40 cm, gefettet) ausrollen.

5. Tomaten- und Mozzarellascheiben auf dem Teig verteilen. Mit Salz und Pfeffer bestreuen. Basilikumblättchen abspülen und trocken tupfen. Blättchen klein schneiden und auf die Pizza legen. Mit Parmesan bestreuen und mit Olivenöl beträufeln.

6. Das Backblech in den Backofen schieben. Die Pizza **25–30 Minuten backen.**

TIPP:

Die Pizza kann noch mit weiteren Zutaten belegt werden. Zum Beispiel mit Paprika und Salami, Thunfisch und Zwiebeln, Spinat und Knoblauch oder mit Champignonscheiben. Ihrer Fantasie sind keine Grenzen gesetzt.

Lieblingsrezept Nr.
31

PROVENZALISCHES OFENGEMÜSE MIT MÖHRENPESTO

Zubereitungszeit: 20 Minuten
Garzeit: etwa 20 Minuten
Mit Alkohol
Vegan

Zutaten für 4 Portionen

- 3 dicke Bundmöhren
- 3 Pastinaken
- 1/2 Kopf Blumenkohl (etwa 440 g)
- 1 kleiner Brokkoli (etwa 350 g)
- 3 rote Zwiebeln
- 4 Knoblauchzehen
- 2 EL trockener veganer Weißwein
- 11 EL Olivenöl
- Salz
- gem. Pfeffer
- 1 geh. EL Sonnenblumenkerne
- 1/2 TL Sambal Oelek

Pro Portion:

E: 6 g, F: 29 g, Kh: 19 g, kcal: 391

1. Von den Bundmöhren das Grün abschneiden, gut abspülen, abtropfen lassen und beiseitelegen. Möhren und Pastinaken ggf. putzen, schälen, abspülen, abtropfen lassen und längs in Viertel schneiden. Von Blumenkohl und Brokkoli die Blätter entfernen und den Strunk abschneiden. Blumenkohl und Brokkoli in tischtennisballgroße Röschen teilen, abspülen und abtropfen lassen. Zwiebeln abziehen und jeweils achteln. Knoblauchzehen bis auf die letzte Schale abziehen und andrücken.

2. Den Backofen vorheizen.
Ober-/Unterhitze: etwa 220 °C
Heißluft: etwa 200 °C

3. Gemüse in einer Schüssel mit Weißwein und 4 Esslöffeln Olivenöl mischen. Das Gemüse gut mit Salz und Pfeffer würzen. Das Gemüse mit der Flüssigkeit auf einem Backblech (mit Backpapier belegt) verteilen. Das Backblech in den vorgeheizten Backofen schieben. Das Ofengemüse **etwa 20 Minuten garen.**

4. In der Zwischenzeit die Sonnenblumenkerne in einer Pfanne ohne Fett 2–3 Minuten goldbraun rösten. Kerne auf einen Teller geben und abkühlen lassen. Das Möhrengrün grob klein schneiden und mit dem restlichen Olivenöl in einem hohen Mixbecher mit einem Pürierstab fein pürieren. Sonnenblumenkerne und Sambal Oelek dazugeben und mit Salz würzen. Alles kurz aufmixen und nochmals mit Salz abschmecken.

5. Ofengemüse auf Tellern oder einer Platte anrichten und mit dem Möhrenpesto beträufeln.

TIPPS:

Anstelle der Sonnenblumenkerne können z. B. auch Mandelsplitter, Walnusskerne oder Cashewkerne verwendet werden.

Wer mag, rührt in das Pesto noch 10–20 g frisch geriebenen Parmesan.

PULLED PORK AUS DEM BACKOFEN

Zubereitungszeit: 35 Minuten, ohne Marinierzeit
Garzeit: 10–11 Stunden

Zutaten für 16 Portionen

Für die Trockenmarinade (Rub):

- 60 g brauner Zucker
- 2 EL Paprikapulver edelsüß
- 1 EL Paprikapulver rosenscharf
- 1 EL Currypulver
- ½ EL Chilipulver
- 1 EL Kreuzkümmel (Cumin)
- 1 EL Piment
- 1 EL Ingwerpulver
- 1 EL gerebelter Oregano
- 2–3 EL Röstzwiebeln
- 2 EL gem. schwarzer Pfeffer
- 1 EL Knoblauchgranulat oder -pulver
- 3 EL Rauchsalz

etwa 2,5 kg Schweinenacken ohne Knochen oder Schweineschulter mit Schwarte

Zusätzlich:

Ofenform mit Rost

Pro Portion:

E: 27 g, F: 21 g, Kh: 6 g, kcal: 316

1. Für die Trockenmarinade (Rub) alle Gewürze in einen Blitzhacker geben und fein zerkleinern.

2. Den Schweinenacken mit Küchenpapier abtupfen und großzügig mit der Trockenmarinade einreiben. Die Trockenmarinade gut ins Fleisch einmassieren. Das Fleisch in Frischhaltefolie wickeln und mindestens 3 Stunden oder über Nacht im Kühlschrank marinieren lassen. Sollte etwas Trockenmarinade übrig bleiben, diese in einem wiederverschließbaren Gefäß aufbewahren.

3. Nach dem Marinieren den Backofen vorheizen.
Ober-/Unterhitze: etwa 110 °C
(Heißluft nicht empfehlenswert)

4. Vorbereiteten Schweinenacken auf den Rost der Ofenform oder auf ein Ofengitter mit Fettpfanne setzen. Falls vorhanden, ein Fleischthermometer verwenden, um den Gargrad des Fleischs zu bestimmen. Hierfür das Thermometer nach Herstellerangaben in das Gargut einstechen und den Schweinenacken in den Backofen stellen.

5. Das Fleisch hin und wieder mit dem austretenden Fleischsaft bestreichen. Das Pulled Pork ist nach **10–11 Stunden fertig.** Das Fleisch sollte am Ende eine Temperatur von 92 °C haben.

6. Schweinenacken aus dem Ofen nehmen. Den Sud aus der Ofenform oder der Fettpfanne entfetten.

7. Zum Zerrupfen (Pullen) den Schweinenacken in eine ausreichend große, flache Schale legen. Wenn Schweineschulter verwendet wurde, Schwarte und Fettschicht abnehmen (Vorsicht: heiß!). Mithilfe von zwei Gabeln das Fleisch in mundgerechte Stücke zupfen. Die Gabeln dafür immer wieder ins Fleisch stechen und in entgegengesetzter Richtung auseinanderziehen.

8. Das gezupfte Fleisch mit dem Sud aus der Ofenform oder der Fettpfanne vermischen und servieren.

Rezeptvarianten:
Für **Folienkartoffeln mit Pulled Pork** fertig gegarte Kartoffeln aufschneiden und mit Pulled Pork und Sauerrahm füllen.
Für **Pulled Pork Burger** Burger-Brötchen aufschneiden und die Schnittflächen auf dem Toaster oder in der Pfanne anrösten. Die untere Brötchenhälfte mit Barbecue-Sauce und die obere mit Sauerrahm bestreichen. Das Brötchen mit Pulled Pork und Krautsalat belegen.

Lieblingsrezept Nr.

33

RINDFLEISCHTOPF MIT ROTWEIN

Zubereitungszeit: 40 Minuten
Garzeit: 2 ½–3 Stunden
Mit Alkohol

Zutaten für 4 Portionen

- 700 g Rindfleisch (aus der Schulter, ohne Knochen)
- 3 EL Speiseöl
- 2 EL Tomatenmark
- 400 ml Fleischbrühe
- 300 g Möhren
- 200 g Knollensellerie
- 400 g festkochende Kartoffeln
- 1 Gemüsezwiebel (etwa 200 g)
- 1 Knoblauchzehe
- 1 TL gerebelter Thymian
- 2 Lorbeerblätter
- 200 ml trockener Rotwein
- Salz
- gem. Pfeffer
- 3 Stängel glatte Petersilie
- 1–2 TL mittelscharfer Senf

Zusätzlich:

1 ofenfester Schmortopf (etwa 3 l Inhalt) mit Deckel

Pro Portion:

E: 41 g, F: 19 g, Kh: 20 g, kcal: 458

1. Das Rindfleisch mit Küchenpapier trocken tupfen und in kleine Würfel schneiden. Speiseöl in einem Schmortopf erhitzen. Fleischwürfel darin portionsweise von allen Seiten gut anbraten.

2. Tomatenmark unterrühren und kurz mit anrösten. Etwas von der Brühe hinzugießen, zum Kochen bringen und unter gelegentlichem Rühren etwas einkochen lassen.

3. Den Backofen vorheizen.
Ober-/Unterhitze: etwa 160°C °C
Heißluft: etwa 140 °C

4. In der Zwischenzeit Möhren und Sellerie putzen, schälen, abspülen, abtropfen lassen und in große Würfel schneiden. Kartoffeln schälen, abspülen, abtropfen lassen und ebenfalls in große Würfel schneiden. Zwiebel und Knoblauch abziehen. Zwiebel halbieren und fein würfeln, Knoblauch hacken.

5. Vorbereitetes Gemüse, Thymian und Lorbeer zu den Fleischwürfeln in den Bräter geben. Restliche Brühe und Rotwein hinzugießen und umrühren. Mit Salz und Pfeffer würzen.

6. Den Eintopf zum Kochen bringen. Den Bräter zugedeckt auf dem Rost in den vorgeheizten Backofen schieben. Den Rindfleischtopf **2 ½–3 Stunden garen,** dabei gelegentlich umrühren.

7. Die Petersilie abspülen, trocken tupfen und die Blätter von den Stängeln zupfen. Die Blätter grob schneiden und unter den Eintopf rühren. Den Rindfleischtopf mit Salz, Pfeffer und Senf abschmecken.

Rezeptvariante:
Für **Rinderbraten mit Rotwein** das Fleisch unzerkleinert für 2 Tage mit dem geputzten, zerkleinerten Gemüse (Möhren, Sellerie und Zwiebel) in eine Marinade aus 125 ml Weinessig, 200 ml Rotwein und 175 ml Wasser mit 1 Lorbeerblatt, 4 Pfefferkörnern, 4 Wacholderbeeren und 2 Gewürznelken geben. Nehmen Sie das Fleisch anschließend aus der Marinade und tupfen Sie es trocken. Gießen Sie die Marinade durch ein Sieb und entfernen Sie die Gewürze. Garen Sie das Fleisch als Stück mit der Beize und dem Gemüse 1 ½–2 Stunden bei der angegebenen Temperatur. Servieren Sie den Braten mit Kartoffelklößen.

TIPP:

Den Rindfleischtopf mit Salzkartoffeln oder Baguette servieren.

Lieblingsrezept Nr.

34

SPARGEL-BLÄTTER-TEIG-MINIMUFFINS

Zubereitungszeit: 50 Minuten, ohne Auftauzeit
Backzeit: 20–25 Minuten je Form
Vegetarisch

Zutaten für 48 Stück

250 g TK-Blattspinat
350 g dünne Spargelstangen oder Bruchspargel
125 ml Wasser
Salz
1 Prise Zucker
2 Pck. Blätterteig (je 275 g aus dem Kühlregal)
2 Tomaten (etwa 200 g)
3 Eier (Größe M)
100 g Crème fraîche
gem. Pfeffer
ger. Muskatnuss

Zusätzlich:

runde Ausstechform oder Wasserglas (Ø etwa 5 cm)
1 Muffinform für 24 Minimuffins

Pro Stück:

E: 1 g, F: 5 g, Kh: 4 g, kcal: 62

1. Blattspinat nach Packungsanleitung auftauen lassen. Spargel abspülen, abtropfen lassen und von oben nach unten schälen, darauf achten, dass die Schalen vollständig entfernt, die Köpfe aber nicht verletzt werden. Die unteren Enden abschneiden (holzige Stellen vollkommen entfernen). Spargelstangen in 2–3 cm lange Stücke schneiden.

2. Den Backofen vorheizen.
Ober-/Unterhitze: etwa 200 °C
Heißluft: etwa 180 °C

3. Wasser mit ½ Teelöffel Salz und Zucker zum Kochen bringen. Spargelstücke hinzufügen, wieder zum Kochen bringen und in etwa 4 Minuten bissfest kochen. Spargel in ein Sieb geben und abtropfen lassen, dabei den Sud auffangen.

4. Eine Portion Blätterteig ausbreiten. Mit einer runden Ausstechform oder mit einem Wasserglas 24 Kreise ausstechen. Teigkreise in eine Minimuffinform (Mulden gefettet) legen und leicht andrücken.

5. Aufgetauten Blattspinat in einem Sieb gut abtropfen lassen und gut ausdrücken. Tomaten abspülen, abtrocknen, halbieren und die Stängelansätze herausschneiden. Tomaten entkernen und in kleine Würfel schneiden. Eier mit 3 Esslöffeln Spargelsud und Crème fraîche verrühren, mit Salz, Pfeffer und Muskatnuss kräftig würzen.

6. Die Muffins jeweils mit der Hälfte des Spinats, der Tomatenwürfel und der Spargelstückchen füllen. Die Hälfte der Crème fraîche-Eier-Mischung darüber gießen.

7. Die Form auf dem Rost in den vorgeheizten Backofen schieben. Die Muffins **20–25 Minuten backen.**

8. Die Muffins nach dem Backen aus den Mulden lösen und auf einen Kuchenrost legen.

9. Aus dem restlichen Teig und der Füllung weitere 24 Muffins zubereiten. Muffins warm oder kalt servieren.

TIPPS:

Die Minimuffins in Papiermuffinförmchen servieren.

Die Minimuffins können eingefroren und nach dem Auftauen 3–4 Minuten bei Ober-/Unterhitze (etwa 180 °C) aufgebacken werden.

Lieblingsrezept Nr.

35

SPARGEL-RICOTTA-TARTE VOM BLECH

Zubereitungszeit: 55 Minuten, ohne Ruhe-/Gehzeit
Backzeit: 30–35 Minuten
Vegetarisch

Zutaten für 4–6 Portionen

400 g Weizenmehl
170 g kalte Butter
100 ml Wasser
5 Eier (Größe M)
3 TL Salz
je 750 g weißer und grüner Spargel
Saft und abger. Schale von 1 Bio-Zitrone (unbehandelt, ungewachst)
2 Stängel Rosmarin
2 Frühlingszwiebeln
250 g Ricotta (ital. Frischkäse)
100 g Schmand
2 geh. TL süßer Senf
2 TL Speisestärke
Salz
gem. Pfeffer
1 Prise Pimentpulver

Pro Portion (bei 4 Portionen):

E: 34 g, F: 53 g, Kh: 84 g, kcal: 960

1. Für den Teig das Mehl in eine Rührschüssel geben. 150 g Butter in kleinen Stücken hinzufügen. Alles mit den Händen zerkrümeln. Wasser, 1 Ei und 2 Teelöffel Salz miteinander verquirlen und zu den Mehl-Butter-Krümeln geben. Zutaten rasch zu einem weichen Teig vermengen. Den Teig flach drücken und in Folie verpackt etwa 1 Stunde in den Kühlschrank stellen.

2. Spargel abspülen und abtropfen lassen. Den weißen Spargel von oben nach unten schälen. Darauf achten, dass die Schalen vollständig entfernt, die Köpfe aber nicht verletzt werden. Von dem grünen Spargel nur das untere Drittel schälen. Beide Spargelsorten halbieren. Die Hälften mit den Spargelspitzen beiseitelegen. Die unteren Hälften nochmals halbieren.

3. Wasser etwa 2 cm hoch in einen großen, flachen Topf füllen. Restliches Salz, Zitronensaft, restliche Butter sowie Spargelstücke ohne die Spargelspitzen in den Topf geben und aufkochen. Spargelstücke zugedeckt für etwa 8 Minuten dünsten. Nach 4 Minuten die Spargelspitzen hinzufügen. Spargel mit einer Schaumkelle behutsam aus dem Topf heben und gut abtropfen lassen.

4. Den Backofen vorheizen.
Ober-/Unterhitze: 180 °C
Heißluft: 160 °C

5. Rosmarin abspülen, trocken tupfen und die Nadeln von den Stängeln zupfen. Die Nadeln grob hacken. Frühlingszwiebeln putzen, abspülen, abtropfen lassen und schräg in Scheiben schneiden. Rosmarin und Frühlingszwiebeln mit den restlichen Eiern, Ricotta, Schmand, süßem Senf, Stärke und Zitronenabrieb verrühren. Den Guss mit Salz, Pfeffer und Pimentpulver abschmecken.

6. Teig auf einer bemehlten Arbeitsfläche etwas größer als die Blechgröße ausrollen. Den Teig so auf ein Backblech (gefettet) legen, dass der Teig an den Rändern hoch steht. Den Teig mehrmals mit der Gabel einstechen.

7. Spargelstücke ohne die Spargelspitzen auf dem Teig verteilen und den Guss darübergeben. Die Spargelspitzen darüber verteilen und leicht andrücken.

8. Das Backblech in den vorgeheizten Backofen schieben (unteres Drittel) und die Tarte **30–35 Minuten backen.**

Lieblingsrezept Nr.

36

SPINAT-QUICHE

Zubereitungszeit:
50 Minuten, ohne Auftau- und Kühlzeit
Backzeit: etwa 60 Minuten
Vegan

Zutaten für 12 Stücke

Zum Vorbereiten:

600 g TK-Blattspinat

Für den Teig:

50 g Polenta (Maisgrieß)
250 g Weizenmehl (Type 550)
Salz
gem. Pfeffer
125 g vegane Margarine

Für die Füllung:

2 kleine Zwiebeln
2 Knoblauchzehen
4 EL Olivenöl
25 g Sojamehl (getoastet)
100 ml ungesüßter Haferdrink (natur)
400 g Seidentofu
175 g Räuchertofu
200 g Tofu (natur)
1 EL Polenta (Maisgrieß)
1–2 Msp. ger. Muskatnuss

Pro Stück:

E: 13 g, F: 16 g, Kh: 22 g, kcal: 290

1. Zum Vorbereiten den Spinat nach Packungsanleitung auftauen lassen.

2. Für den Teig Polenta mit Mehl, 1 Teelöffel Salz und 1 Prise gemahlenem Pfeffer in einer Rührschüssel mischen. Margarine in Flöckchen dazugeben. Die Zutaten mit einem Mixer (Knethaken) zunächst kurz auf niedrigster, dann auf höchster Stufe gut durcharbeiten. 2–3 Esslöffel kaltes Wasser zugeben und dann auf der leicht bemehlten Arbeitsfläche kurz zu einer Teigkugel verkneten. Die Teigkugel in Frischhaltefolie gewickelt 1–2 Stunden in den Kühlschrank legen.

3. Zwei Drittel des Teiges auf dem Boden einer Springform (Ø 26 cm, Boden gefettet) ausrollen. Den Springformrand darumstellen. Restlichen Teig zu einer langen Rolle formen, auf den Teigboden legen und dann so an die Form drücken, dass ein etwa 4 cm hoher Rand entsteht.

4. Für die Füllung Zwiebeln und Knoblauch abziehen und fein würfeln. Das Öl in einer Pfanne erhitzen. Zwiebel- und Knoblauchwürfel darin goldgelb dünsten, Sojamehl unterrühren. Den Haferdrink unterrühren. Die Zutaten unter Rühren aufkochen, dabei darauf achten, dass keine Klümpchen entstehen. Dann die Zwiebelmischung beiseitestellen.

5. Den Backofen vorheizen.
Ober-/Unterhitze: etwa 180 °C
Heißluft: etwa 160 °C

6. Aufgetauten Spinat in einem Sieb sehr gut abtropfen lassen. Seidentofu in einem hohen Rührbecher pürieren. Räuchertofu und Tofu mit den Händen zerbröseln, in eine Schüssel geben. Spinat etwas kleiner schneiden, mit allen Tofusorten, beiseitegestellter Zwiebelmischung und Polenta vermengen.

7. Die Füllung mit 1–2 Teelöffeln Salz, gemahlenem Pfeffer und Muskatnuss kräftig würzen, dann gleichmäßig in der Springform verteilen.

8. Die Form auf dem Rost in den vorgeheizten Backofen (unteres Drittel) schieben. Die Spinat-Quiche **etwa 60 Minuten backen.**

9. Die Form auf einen Kuchenrost stellen. Quiche etwas abkühlen lassen. Dann den Springformrand lösen und entfernen. Quiche lauwarm servieren.

Lieblingsrezept Nr.

37

STAPELGEMÜSE VOM BLECH

Zubereitungszeit: 35 Minuten
Garzeit: etwa 20 Minuten
Vegetarisch

Zutaten für 4 Portionen

1 Sellerieknolle (750 g)
400 g grüner Spargel
Salz
500 g mittelgroße Tomaten
70 g Pesto (aus dem Glas)
gem. Pfeffer
50 g frisch ger. Parmesan
1–2 EL Olivenöl

Pro Portion:
E: 12 g, F: 18 g, Kh: 9 g, kcal: 268

1. Sellerie schälen, abspülen, trocken tupfen und in 16 etwa 1/2 cm dicke Scheiben schneiden.

2. Spargel abspülen, abtropfen lassen und das untere Drittel schälen, die Enden abschneiden.

3. Den Spargel in kochendem Salzwasser 2 Minuten vorgaren, mit der Schaumkelle herausheben, kurz in eine Schüssel mit eiskaltem Wasser legen und in einem Sieb abtropfen lassen.

4. Die Selleriescheiben in dem Salzwasser etwa 5 Minuten garen und auf einem Sieb abtropfen und etwas abkühlen lassen.

5. Inzwischen die Tomaten abspülen, abtropfen lassen, die Stängelansätze herausschneiden und die Tomaten in etwa 48 Scheiben schneiden. Spargelstangen, je nach Länge, dritteln oder vierteln.

6. Den Backofen vorheizen.
Ober-/Unterhitze: etwa 220 °C
Heißluft: etwa 200 °C

7. Acht Selleriescheiben auf ein Backblech (30 x 40 cm, mit Backpapier belegt) legen und mit etwas Pesto bestreichen. Mit jeweils 3 Tomatenscheiben belegen, mit Pfeffer bestreuen und mit einer Selleriescheibe bedecken.

8. Die Selleriescheiben wieder mit Pesto bestreichen und mit den restlichen Tomatenscheiben belegen. Spargelstücke darauf verteilen, mit Pfeffer und Parmesan bestreuen. Zum Schluss das Öl auf die Gemüsestapel träufeln.

9. Das Backblech in den vorgeheizten Backofen schieben. Die Gemüsestapel **etwa 20 Minuten garen.**

TIPPS:

Die Gemüsestapel passen gut zu gegrilltem oder gebratenem Halloumi oder Steaks.

Sie können das Stapelgemüse auch mit Scheiben vom Hokkaido-Kürbis und einem kräftigen geriebenen Bergkäse zubereiten. Bestreuen Sie die Gemüsestapel zusätzlich mit gerösteten Kürbiskernen.

Lieblingsrezept Nr.
38

SÜSSKARTOFFEL-FRIES MIT ZITRUS-SALZ

Zubereitungszeit: 20 Minuten
Röstzeit: 22–25 Minuten
Vegetarisch

Zutaten für 4 Portionen

700 g Süßkartoffeln
4 EL Olivenöl
etwas Cayennepfeffer
1 TL fein abger. Schale von 1 Bio-Zitrone (unbehandelt, ungewachst)
1 TL fein abger. Schale von 1 Bio-Limette (unbehandelt, ungewachst)
1 TL grobes Meersalz

Pro Portion:
E: 2 g, F: 11 g, Kh: 34 g, kcal: 246

1. Den Backofen vorheizen.
Ober-/Unterhitze: etwa 200 °C
Heißluft: etwa 180 °C

2. Die Süßkartoffeln schälen, abspülen, abtropfen lassen und in etwa ½ cm dicke Stifte schneiden. Kartoffelstifte in einer großen Schüssel mit Olivenöl und Cayennepfeffer mischen und gleichmäßig auf einem Backblech (mit Backpapier belegt) verteilen.

3. Das Backblech in den vorgeheizten Backofen (unteres Drittel) schieben. Die Kartoffelstifte **22–25 Minuten rösten,** dabei nach etwa 15 Minuten einmal wenden.

4. Die Zitrusschalen mit dem Meersalz vermischen. Die Süßkartoffelstifte damit bestreuen.

Rezeptvariante:
Für **klassische Kartoffelspalten mit roten Zwiebeln** 2 kg mittelgroße festkochende Kartoffeln unter fließendem kalten Wasser gründlich abbürsten, abtrocknen und mit der Schale der Länge nach achteln. Etwas Meersalz mit gemahlenem Pfeffer und 5 Esslöffeln Olivenöl verrühren, mit den Kartoffelspalten vermengen und mindestens 30 Minuten marinieren. Inzwischen den Backofen vorheizen (Ober-/Unterhitze: etwa 200 °C, Heißluft: etwa 180 °C). Die Kartoffelspalten mit der Marinade auf einem Backblech (mit Backpapier belegt) verteilen und in den vorgeheizten Backofen schieben. Die Kartoffelspalten etwa 40 Minuten garen. Inzwischen 500 g rote Zwiebeln abziehen und in Scheiben schneiden. 3 Stängel Rosmarin abspülen, trocken tupfen und etwas kleiner zupfen, mit 4 Esslöffeln Olivenöl mischen. Nach der Hälfte der Garzeit Zwiebeln und Rosmarin zu den Kartoffelspalten geben und alles fertig garen.

Lieblingsrezept Nr.

39

ZWIEBELKUCHEN

Zubereitungszeit:
etwa 50 Minuten, ohne Abkühl- und Teiggehzeit
Backzeit: etwa 40 Minuten

Zutaten für 8 Stücke

Für den Hefeteig:

250 ml Milch (3,5 % Fett)
400 g Weizenmehl (Type 550)
1 Pck. Trockenbackhefe
1 TL Salz
1 TL Zucker
4 EL Olivenöl

Für die Zwiebelmasse:

1 1/2 kg Gemüsezwiebeln
3 EL Olivenöl
Salz
gem. Pfeffer
1 TL Kümmelsamen
150 g durchwachsener Speck oder Frühstücksspeck (Bacon)
200 g ger. Emmentaler
3 Eier (Größe M)
150 g Crème fraîche

Pro Stück:

E: 22 g, F: 32 g, Kh: 50 g, kcal: 590

1. Für den Teig die Milch in dem Topf lauwarm erwärmen. Mehl mit Hefe in einer Rührschüssel vermischen. Salz, Zucker, Öl und lauwarme Milch hinzufügen. Die Zutaten mit einem Mixer (Knethaken) erst kurz auf niedrigster, dann auf höchster Stufe in etwa 5 Minuten zu einem glatten Teig verarbeiten. Den Teig zugedeckt so lange an einem warmen Ort gehen lassen, bis er sich sichtbar vergrößert hat, etwa 20 Minuten.

2. Inzwischen für die Zwiebelmasse Gemüsezwiebeln abziehen, halbieren und in dünne Scheiben schneiden. Das Öl in der großen Pfanne erhitzen. Die Zwiebeln darin unter gelegentlichem Rühren bei mittlerer Hitze in 15–20 Minuten goldgelb dünsten, mit Salz und Pfeffer würzen. Kümmel unterrühren. Die Masse in eine Schüssel geben, etwa 20 Minuten abkühlen lassen.

3. Speck fein würfeln, mit Käse, Eiern und Crème fraîche unter die Zwiebelmasse rühren, mit Salz und Pfeffer würzen.

4. Teig und Arbeitsfläche leicht mit Mehl bestäuben. Den Teig auf der Arbeitsfläche nochmals kurz durchkneten und zu einer Rolle formen. Diese mit einer Teigrolle auf einem Backblech (30 x 40 cm, gefettet) ausrollen. Den Teig mit den Händen an die Ränder und in die Ecken drücken. Die Zwiebelmasse auf den Teig geben und verstreichen.

5. Den Teig zugedeckt so lange an einem warmen Ort gehen lassen, bis er sich sichtbar vergrößert hat, etwa 15 Minuten.

6. Backofen vorheizen.
Ober-/Unterhitze: etwa 200 °C
Heißluft: etwa 180 °C

7. Das Backblech in den vorgeheizten Backofen (unteres Drittel) schieben. Den Zwiebelkuchen **etwa 40 Minuten backen.**

8. Den Zwiebelkuchen heiß oder kalt servieren.

TIPP:

Für Vegetarier den Speck einfach weglassen.

Lieblingsrezept Nr.

40

SACHREGISTER

VEGETARISCH

VEGAN

MIT ALKOHOL

GLUTENFREI

LAKTOSEFREI

MIT NÜSSEN & KERNEN

KAPITELREGISTER

AUFLÄUFE UND GRATINS

WEITERE BACKOFENGERICHTE

Bei Fragen oder Anregungen wenden Sie sich bitte an folgende Telefonnummer +49 (0) 89-5482515-0 oder an kontakt@zsverlag.de.

Edel Verlagsgruppe GmbH
Kaiserstraße 14 b
D-80801 München

ISBN: 978-3-7670-1833-4
1. Auflage 2021

Projektleitung: Karin Boonk
Korrektorat: Regina Rautenberg, Nützen
Rezeptentwicklung: Martina Kittler, München
Nährwertberechnungen: Nutri Service, Hennef, Angelika Ilies, Langen

Coverfoto:
Studio Diercks Media GmbH (Kai Boxhammer, Silje Paul), Hamburg

Foodfotografie:
Studio Diercks Media GmbH (Kai Boxhammer, Silje Paul), Hamburg (S. 7, 15, 41, 81, 79)
Eising Studio Food Photo & Video, München (S. 85)
Kramp + Gölling, Reeßum (S. 83)
Antje Plewinski, Berlin (S. 45, 51, 75)
Anke Politt, Hamburg (S. 43)
StockFood Studios / Andreas Hantschke (S. 11, 13, 17, 19, 25, 31, 33, 35, 37, 39, 47, 49, 53, 55, 57, 59, 61, 63, 65, 69, 73, 77)
StockFood Studios / Jan Wischnewski (S. 5)
StockFood Studios / PHOTOART GmbH (S. 67)
Axel Struwe, Bielefeld (S. 9, 21, 23, 27, 29, 71)

Gestaltungskonzept:
seidldesign.com, Wolfgang Seidl, Stuttgart
Satz: MDH Haselhorst, Bielefeld
Titelgestaltung: Büro 18, Friedberg/Bayern
Producing: Jan Russok
Herstellung: Frank Jansen

Druck und Bindung: optimal media GmbH, Röbel

Die Bücher und E-Books unter der Marke Dr. Oetker Verlag erscheinen als Lizenz in der Edel Verlagsgruppe GmbH.
redaktion-oetker@zsverlag.de
www.facebook.de/Dr.OetkerVerlag